20 PLAYS FOR U.S. HISTORY CLASSES

Dean R. Bowman

J. WESTON
WALCH
PUBLISHER
Portland, Maine

25

3 **A.** Not everyone has arrived yet at the costume party. Whom or what do you think each of these guests is waiting for? Write complete sentences using the correct form of the verb **attendre**. The first sentence is done for you.

1.	Mickey Mouse		le Joker
2.	Ton petit frère		mes amis
3.	Garfield et Odie		Barney
4.	Docteur Jekyll et toi, vous		Minnie
5.	Calvin et moi, nous	**attendre**	Kermit
6.	Cleopatra		Hobbs
7.	Charlie Brown et Snoopy		Monsieur Hyde
8.	Batman et Robin		Jon
9.	Mademoiselle Piggy		Lucy
10.	Moi, j'		Mark Antony

1. *Mickey Mouse attend Minnie.* _____

2. _____

3. _____

4. _____

5. _____

6. _____

7. _____

8. _____

9. _____

10. _____

B. Write one thing that the guests in Activity 3A do at the party and one thing that they don't do, using activities from the list that follows. Make sure that you use the appropriate form of the verb in each of your sentences.

manger du fromage	danser	téléphoner aux amis
finir leurs devoirs	nager	regarder la télé
attendre quelqu'un	jouer au foot	perdre quelque chose
jouer au volley	arriver à 8h00	écouter de la musique
rentrer à 11h00	inviter Jasmine	porter des vêtements noirs
porter une belle robe	parler aux chiens	jouer aux jeux vidéo
jouer au basket	arriver à 11h00	porter un chapeau
manger beaucoup	étudier le français	parler français
chercher quelqu'un		

Modèle: *Mickey Mouse et Minnie mangent du fromage.*

   Ils ne regardent pas la télé.

1. Ton petit frère _____

_____

2. Garfield et Odie _____

_____

3. Docteur Jekyll et toi, vous _____

_____

4. Calvin et moi, nous _____

_____

5. Cleopatra _____

_____

6. Charlie Brown et Snoopy _____

_____

7. Batman et Robin _____

_____

8. Mademoiselle Piggy _____

_____

9. Moi, je _____

_____

4 | **A.** Write a paragraph with a minimum of five sentences describing what you do or don't do during the summer. Then write a second paragraph with a minimum of five sentences describing different activities that you do or don't do in the fall during the week. Use a different verb from the following list in each of your sentences.

écouter de la musique	attendre mes amis au stade
finir mes devoirs	jouer au tennis
arriver à l'école	nager
regarder la télé	manger un sandwich
téléphoner à mes amis	étudier
travailler	parler avec mes parents
jouer aux jeux vidéo	rester à la maison
rester au lit	jouer au volley
voyager	jouer au foot

En été:

_____

_____

_____

_____

_____

_____

_____

_____

_____

En automne:

_____

_____

_____

_____

_____

_____

_____

_____

B. Write about any five of the things in Activity 4A that you do with someone else. Mention the other person in each of your sentences.

Modèles: *Mon frère et moi, nous regardons la télé.*

Claire et moi, nous jouons au tennis.

1. _____

   _____

2. _____

   _____

3. _____

   _____

4. _____

   _____

5. _____

   _____

5 All the relatives have arrived for the holidays. Always inquisitive, young André is trying to figure out how everyone is related, with some help from his brothers, Laurent and Jean-Luc, and his new sister-in-law, Christine. Complete the puzzle using the appropriate possessive adjectives. "V" for **Verticalement** means "down," and "H" for **Horizontalement** means "across."

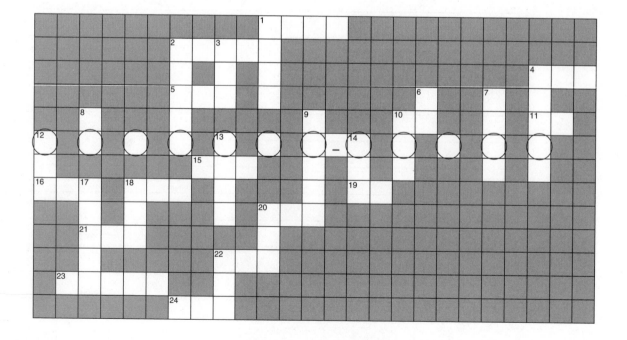

André: Est-ce que tante Mireille est la sœur de maman?

Laurent: Oui, c'est _____ 19 H _____ sœur.

André: Et est-ce que grand-mère et grand-père LaSalle sont les parents de maman?

Laurent: Oui, ce sont _____ 12 V _____ parents.

Christine: Ce sont aussi les parents de ta tante.

Laurent: Oui, ce sont _____ 14 V _____ parents aussi.

Christine: Et ton père, Bernard, est le fils de ta grand-mère Dubois.

André: Grand-mère Dubois est _____ 10 H _____ mère?

Christine: Oui, c'est la mère de _____ 3 V _____ père et la belle-mère de ta mère.

André: Oncle Jules est le mari de tante Mireille, n'est-ce pas?

Christine: Oui, c'est _____ 16 H _____ mari.

Laurent: Et tante Mireille est _____ 8 V _____ femme.

André: Sylvie et Sophie sont _____ 23 H _____ filles?

Laurent: Oui, bien sûr.

André: Et ce sont _____ 4 H _____ cousines?

Laurent: Oui, Sylvie et Sophie sont _____ 22 H _____ cousines.

André: Alors, est-ce que grand-père LaSalle est aussi _____ 1 V _____ grand-père?

Laurent: Oui.

André: Et grand-mère LaSalle est _____ 1 H _____ grand-mère?

Laurent: Oui.

André: Et grand-mère Dubois est aussi _____ 7 V _____ grand-mère?

Laurent: Non.

André: Pourquoi pas?

Laurent: Parce que tante Mireille est la fille de grand-mère et grand-père LaSalle, mais oncle Jules n'est pas le fils de grand-mère Dubois.

André: Oncle Jules n'est pas _____ 10 V _____ fils? Oncle Jules n'est pas le frère de...?

Christine: Non, oncle Jules n'est pas le frère de ton père.

André: Mais nous sommes les cousins de Sylvie et Sophie?

Laurent: Oui, nous sommes _____ 9 V _____ cousins.

André: Et Marie-Louise?

Laurent: Marie-Louise, c'est la cousine de Sylvie et Sophie aussi. C'est _____ 13 V _____ cousine.

André: Et c'est aussi ma sœur. Et Jean-Luc et Laurent, vous êtes _____ 18 H _____ frères.

Jean-Luc: Laurent est ton frère, mais je suis _____ 21 H _____ demi-frère.

André: Pourquoi?

Jean-Luc: Parce qu'Élisabeth n'est pas _____ 6 V _____ mère.

André: Mais Bernard est _____ 5 H _____ père?

Jean-Luc: C'est ça!

André: Et Christine est _____*11 H*_____ femme?

Jean-Luc: Oui, c'est ma femme.

André: Et Chouchou est _____*2 H*_____ chien?

Jean-Luc: Oui, Chouchou est _____*17 V*_____ chien.

André: Et _____*20 H*_____ chats sont Pierre et Pierrot?

Jean-Luc: Oui, Pierre et Pierrot sont _____*22 V*_____ chats.

André: _____*20 V*_____ chats sont ici?

Jean-Luc: Non, ils sont à la maison.

André: _____*2 V*_____ maison est à Paris, n'est-ce pas?

Christine: _____*4 V*_____ maison est à Paris mais nos parents habitent ici.

André: _____*24 H*_____ parents sont les Duval, n'est-ce pas, Christine?

Christine: Oui, M. et Mme Duval sont _____*15 H*_____ parents.

André: Alors, Laurent est _____*18 V*_____ frère, et Jean-Luc est mon demi-frère.

When you've finished the puzzle, fill in the remaining three circles to reveal André's favorite relative.

---

6 | The holiday is over and all Laurent's relatives are looking for their belongings. Fill in the blanks of Laurent's conversation with his mother using the appropriate possessive adjectives. The first four answers are done for you.

Laurent: Je cherche _____*mon*_____ pull.

Sa mère: Oh! C'est ta sœur qui a _____*ton*_____ pull. Mais, qu'est-ce qu'elle cherche?

Laurent: Marie-Louise? Elle cherche _____*son*_____ sac à dos et moi, je cherche _____*ma*_____ disquette.

Sa mère: _____ frère a _____ disquette.

Laurent: Je cherche _____ dictionnaire aussi.

Sa mère: Et _____ grand-mère? Qu'est-ce qu'elle cherche?

Laurent: Grand-mère Dubois? Elle cherche _____ café.

Sa mère: _____ café est dans le micro-onde. Qu'est-ce que _____ grand-père cherche?

Laurent: Il cherche _____ chapeau.

Sa mère: _____ chapeau est sur le canapé.

Laurent: Et mon père? Qu'est-ce qu'il cherche? _____ veste?

Sa mère: _____ père cherche _____ anorak.

Laurent: _____ anorak n'est pas dans l'armoire?

Sa mère: Non. Qu'est-ce que _____ cousines cherchent?

Laurent: Sophie et Sylvie? Elles cherchent _____ vidéocassette. Elles cherchent aussi _____ chips.

Sa mère: _____ frères mangent _____ chips.

Laurent: Qu'est-ce que tante Mireille et oncle Jules cherchent? _____ carte?

Sa mère: Non, ils cherchent _____ chèques de voyage.

Laurent: _____ chèques de voyage sont sur la table dans la salle à manger.

Sa mère: Bon. Est-ce que tu vois les tennis de _____ frère?

Laurent: D'André? Ce ne sont pas _____ tennis dans l'entrée?

Sa mère: C'est possible. Oh... Jean-Luc cherche _____ CDs.

Laurent: Sophie et Sylvie ont _____ CDs.

Sa mère: Et André et toi, où sont _____ blousons?

Laurent: _____ blousons sont sur le grand fauteuil dans le séjour.

---

7 Look at the drawings. Then write the time when each event takes place. The first one is done for you.

1. Suzanne finit son déjeuner.
   Il est une heure moins le quart.

2. Philippe téléphone à Suzanne.
   _____

3. Philippe invite Suzanne à une boum.
   _____

4. Suzanne cherche quelque chose à porter à la boum.
   _____

5. Suzanne va au centre commercial.
   _____

6. Suzanne achète une robe.
   _____

7. Suzanne prend le métro.
   _____

8. Suzanne écoute de la musique.
   _____

9. Philippe regarde la télé.
   _____

10. Philippe arrive chez Suzanne.
    _____

11. Ils arrivent à la boum.
    _____

12. Ils parlent avec leurs amis.
    _____

13. Ils mangent.
    _____

14. Ils dansent.
    _____

8 | Marie is helping her new sister-in-law, Corinne, fill in her daily planner. Write the indicated dates. The first one is done for you.

Corinne: Quelle est la date de ton anniversaire? (13.11)

Marie: Mon anniversaire est ___*le treize novembre*___.

Corinne: L'anniversaire de Jean-Paul est au printemps, n'est-ce pas? (8.4)

Marie: Oui, son anniversaire est _____.

Corinne: Quelles sont les dates des anniversaires de tes parents? (20.5 / 2.3)

Marie: L'anniversaire de maman est _____. Et l'anniversaire de mon père est _____.

Corinne: Et ton petit frère? (1.9)

Marie: Nicolas? Son anniversaire est _____.

Corinne: Et ta grand-mère Sandier? (14.8)

Marie: Son anniversaire est _____.

Corinne: Et les parents de ta mère? (20.12 / 16.2)

Marie: L'anniversaire de ma grand-mère est _____. Et l'anniversaire de mon grand-père est _____.

Corinne: Et ton oncle? (15.10)

Marie: L'anniversaire de mon oncle est _____.

Corinne: Et ta tante? (31.7)

Marie: Son anniversaire est _____.

Corinne: L'anniversaire de Sara est le six janvier, n'est-ce pas? (1.6)

Marie: Non, son anniversaire est _____.

9 Discover the name and place of origin of the mystery figure. In the grid, cross out the letters of the alphabet in sequence, then write the remaining letters on the line to identify the mystery figure. The first letter has been crossed out for you.

```
A  L  B  E  C  B  D  O  E  N  F  H  G
O  H  M  I  M  J  E  K  C  L  A  M  R
N  N  O  A  P  V  Q  A  R  L  S  D  T
E  U  Q  V  U  W  E  X  B  Y  E  Z  C
```

_____

10 Match each name with the letter of the phrase that describes it.

_____ 1. Samuel de Champlain

_____ 2. Bartholdi

_____ 3. **le château Frontenac**

_____ 4. **le palais de glace**

_____ 5. Saint Lawrence

_____ 6. **le Bonhomme Carnaval**

_____ 7. Belfort

a. the sculptor of the *Lion de Belfort*

b. the mascot of the Quebec Winter Carnival

c. the major ice construction at the Quebec Winter Carnival

d. a city in eastern France

e. the French explorer who founded Quebec City

f. the river that flows through Quebec City

g. an elegant hotel in Quebec City

11 **A.** Laurent runs into Béatrice and Myriam outside a shopping mall in Quebec. Complete their conversation using the appropriate forms of the verb **aller**.

Laurent: Salut, les filles! Comment ça _____?

Béatrice: Ça _____ bien, merci. Et toi?

Laurent: Assez bien. Et Myriam, comment _____-tu?

Myriam: Je _____ très bien, merci.

Laurent: Où _____-vous?

Béatrice: Nous _____ au cinéma.

Laurent: Qu'est-ce que vous _____ voir?

Béatrice: On _____ voir *The Replacements*.

Laurent: Et après le film, où _____-vous?

Béatrice: Moi, je _____ chez moi, mais Myriam _____ à
la bibliothèque.

Laurent: Pourquoi est-ce que tu _____ à la bibliothèque, Myriam?

Myriam: Je _____ étudier. J'ai une interro demain.

Laurent: Et qu'est-ce que vous _____ faire demain soir?

Béatrice: Je _____ à la boum de Joanne avec Thierry.

Laurent: Et toi, Myriam? Tu _____ être là?

Myriam: Moi? Euh... non. Je ne _____ pas aller à la boum.

Laurent: Tu veux aller chez Joanne avec moi?

Myriam: À quelle heure est-ce que tu _____ partir?

Laurent: À neuf heures.

Myriam: Bon alors, on _____ à la boum ensemble.

B. Your pen pal, Théo, sent you a group photo taken when his relatives were visiting. In the
note he included, write the appropriate forms of the verb **être**.

  Ça, c'_____ ma famille. Nous _____ ensemble pour une fête. Sur cette
photo nous _____ dans le jardin derrière notre maison. Ma sœur, Marie-Louise,
_____ à gauche. Elle _____ brune. Ce _____ mes parents à
droite de ma sœur. Mon père _____ ingénieur et ma mère _____
infirmière. Ils _____ gentils. Devant mes parents _____ ma grand-mère.
Elle _____ vieille mais très, très sympa. Puis, voilà mes frères. Le plus petit,
c'_____ Antoine. Il _____ intelligent et il n'_____ pas
paresseux. Le plus grand, c'_____ mon frère Sébastien. Et les deux filles blondes
devant Sébastien _____ mes cousines, Véro et Bernadette. Elles _____
timides. À droite ce _____ leurs parents, tante Mireille et oncle Jean. Mon oncle
Jean _____ coiffeur et ma tante Mireille _____ journaliste. Ils
_____ en vacances. Et moi, je _____ avec notre chat, Minou. Que je
_____ moche ici! Mais Minou, il _____ toujours beau. C'_____
vrai que je ne _____ pas timide. Mes frères et moi, nous _____ bavards. Et
toi, _____-tu timide? Ta famille et toi, vous _____ toujours ensemble
pour les fêtes? Est-ce que vous _____ en vacances maintenant? Ta famille
_____ sympa?

12 At noon, Théo's family meets for a picnic lunch. Write where everyone is coming from (use **de l'**, **de la**, **du** or **des**) and where everyone is going after lunch (use **à l'**, **à la**, **au** or **aux**). The first two sentences are done for you.

1. Le père de Théo arrive _____*de la*_____ banque. Après le déjeuner il va _____*à la*_____ poste.

2. Sébastien arrive _____ stade. Après le déjeuner il va _____ cinéma.

3. Oncle Jean et tante Mireille arrivent _____ gare. Après le déjeuner ils vont _____ hôtel.

4. La grand-mère de Théo arrive _____ marché. Après le déjeuner elle va _____ église.

5. Le petit Antoine arrive _____ école. Après le déjeuner il va _____ Champs-Élysées.

6. Tante Sophie arrive _____ États-Unis. Après le déjeuner elle va _____ musée.

13 Maurice, Marie and Xavier are getting ready to go to a **Carnaval** parade. Use the cues provided to write complete sentences that describe what each of them is wearing. Remember the "bags" adjectives when you describe their clothing. Follow the model that describes Maurice's clothing on page 16.

bon / beige

beau / marron

nouveau / vert

joli / chaud

beau / noir

vieux / noir

vieux / noir et blanc

nouveau / chaud

vieux / gris

beau / gris

Modèle: *Maurice porte son bon manteau beige et son beau pantalon marron.*

1. Marie _____

_____

_____

_____

2. Xavier _____

_____

_____

_____

14 Imagine that your school will be unexpectedly closed tomorrow because of severe weather. Using the verb **aller**, write one thing that people are going to do, and one thing that they are not going to do tomorrow. Choose from the expressions in the following list.

acheter des CDs	finir les devoirs
aller au cinéma	jouer au tennis
aller à la piscine	manger au café
dormir	nager
écouter de la musique	regarder une vidéocassette
étudier à la bibliothèque	travailler
lire un livre	faire les courses
skier	faire une quiche
faire les magasins	

Modèle: Mon cousin *va dormir. Il ne va pas faire les magasins.*

1. Je _____

_____

_____

2. Mes parents _____

_____

_____

3. Mon professeur de français _____

_____

_____

4. Mes amis et moi, nous _____

_____

_____

---

15 Just as we do, people in francophone countries celebrate special events throughout the year, often with traditional foods and activities. However, not all of our holidays and customs are the same as theirs. In Column A write the name of the special occasion from the list that follows next to the date or time period when it is celebrated. Then draw a line to connect the name of the occasion in Column A to the description of how it is observed in Column B.

France's national holiday   **le jour de l'an**
la fête du travail   **Noël**
la Saint-Jean   **Pâques**
le Carnaval   **la fête des Rois**

A

1. January 1

_____

2. January 6

_____

3. February or March

_____

4. March or April

_____

5. May 1

_____

6. June 24

_____

7. July 14

_____

8. December 24–25

_____

B

A. After midnight mass, families return home for a traditional feast.

B. A cake called **une galette** is served.

C. Children hunt for special treats.

D. In France and French Canada, there are picnics, concerts and fireworks to mark this summer festival.

E. There are parades, fireworks and masked balls before Lent begins.

F. People send cards to family and friends or give them bouquets of lilies of the valley.

G. Small gifts are given to people who have provided services throughout the year.

H. There are parades and dances in the street to commemorate the start of the French Revolution.

Leçon C

16 | Max, who lives in Annecy, has called his friend Hélène in Martinique. Did Max or Hélène say each of the sentences that follow? List them in the order in which they were said next to the name of the appropriate speaker.

De ma fenêtre je vois la mer bleue.

Il fait très froid maintenant à Annecy.

Ici il fait beau et chaud!

Il neige.

J'ai envie de skier.

Je vais jouer au volley à la plage cet après-midi.

Max: _____

_____

_____

Hélène: _____

_____

_____

17 | Answer the following questions.

1. In what mountain range is the city of Annecy? _____

_____

2. What are three of Annecy's special features? _____

_____

_____

3. What is the capital of Martinique? _____

_____

4. Where could you go to make a phone call in France? _____

_____

5. What do you need to operate most public phones in France? _____

_____

6. What number do you dial in France to get an international line? _____

_____

7. How many digits are there in a French phone number? _____

_____

18 **A.** Poor Annette! She planned a party for tonight and now nobody can come. First, write the appropriate form of **avoir** to complete each of Annette's remarks. Then, use one of the expressions that follow to explain why each friend cannot come.

avoir mal à la gorge / avoir de la fièvre / avoir mal à la tête / avoir la grippe /
avoir mal au cœur / avoir un rhume / avoir mal au ventre / avoir mal aux dents

B. Annette calls her friends the next morning to ask if they are doing what they usually do on the weekends. None of them is, because they all have a new ailment! Use expressions from the list that follows to complete Annette's questions. Then use expressions from the list in Activity 18A for her friends' answers. The first question and answer are done for you.

faire les courses	faire du vélo
faire du footing	faire les devoirs
faire du roller	faire les magasins
faire du sport	faire un tour

Annette: Allô, Luc? Tu _____*fais du roller*_____ cet après-midi?

Luc: Non, j' _____*ai un rhume*_____.

Annette: Allô, Paul? Tu _____ ce matin?

Paul: Non, j' _____.

Annette: Et Paulette? Elle _____ ce matin?

Paul: Non, elle _____.

Annette: Alors, vous deux, vous _____ cet après-midi?

Paul: Non, nous _____.

Annette: Allô, Mme Diouf? Abdou et Malick, ils _____ cet après-midi?

Mme Diouf: Non, ils _____.

---

19 In your cousin's scrapbook you see a brochure advertising the place where she and her husband go over the New Year's holiday. You want to know more about the place and what they do there. Rewrite each indicated question in the blank marked "Q," using **est-ce que**, **n'est-ce pas** or inversion, as specified. Then write your cousin's response in the blank marked "R."

Modèles: Ils passent cinq jours à l'hôtel? (est-ce que)

Q — *Est-ce que vous passez cinq jours à l'hôtel?*

R — *Oui, nous passons cinq jours à l'hôtel.*

Ils arrivent à l'hôtel le 29 décembre? (inversion)

Q — *Arrivez-vous à l'hôtel le 29 décembre?*

R — *Non, nous arrivons à l'hôtel le 30 décembre.*

Ils dansent à l'hôtel? (n'est-ce pas)

Q — *Vous dansez à l'hôtel, n'est-ce pas?*

R — *Oui, nous dansons à l'hôtel.*

1. Ils restent là jusqu'au 5 janvier? (est-ce que)

   Q — _____

   R — _____

2. Ils jouent au tennis? (n'est-ce pas)

   Q — _____

   R — _____

3. Ils mangent à l'hôtel? (inversion)

   Q — _____

   R — _____

4. L'hôtel s'appelle "Réveillon"? (est-ce que)

   Q — _____

   R — _____

5. Ils nagent? (inversion)

   Q — _____

   R — _____

---

20 During your stay in France as an exchange student, your meddling aunt calls you to find out how things are going. Answer her in the negative using **ne... pas, ne... rien, ne... jamais, ne... plus** or **ne... personne.**

Modèle: —Tu es toujours malade?

—Non, je __*ne*__ suis __*plus*__ malade.

—Tu as besoin de quelque chose?

—Non, merci. Je _____ ai besoin de _____ .

—Il pleut toujours là-bas?

—Non, il _____ pleut _____ . Il fait du soleil maintenant.

—Il fait chaud alors?

—Non, c'est l'hiver. Il _____ fait _____ chaud ici en hiver.

—Tout le monde est à la maison?

—Non, il _____ y a _____ ici.

—Tu as peur?

—Non, je _____ ai _____ peur.

—Attends! Il y a un bruit. Il y a quelqu'un à la porte?

—Non, il _____ y a _____ à la porte.

---

21 Your little cousin helped you get ready for a party you are giving . . . but she forgot a lot of things! Write complete sentences to name the 9 things that are missing. You will find the names of the missing items in the grid.

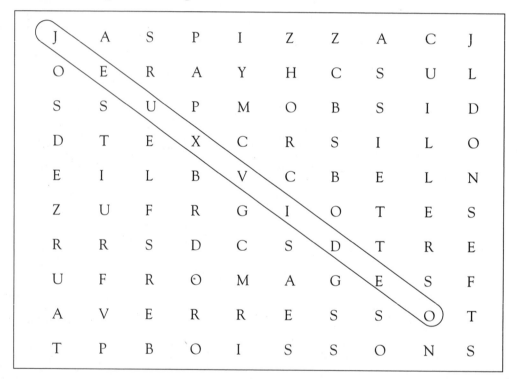

Modèle: *Il n'y a pas de jeux vidéo.*

1. _____ 6. _____

2. _____ 7. _____

3. _____ 8. _____

4. _____ 9. _____

5. _____

22 | Remember the reading strategies you learned in the first level of *C'est à toi!* — skimming, scanning, using headings and illustrations, using cognates, asking the five "W" questions. Apply them as you read about **la Normandie**, one of the most well-known French provinces, and then answer the questions that follow.

Basse-Normandie

À travers la Basse-Normandie, c'est l'image traditionnelle de la Normandie qui vient immédiatement à l'esprit, illustrée par Deauville, Cabourg, Honfleur et le Pays d'Auge.
Patrie de Guillaume le Conquérant, célèbre par la tapisserie de Bayeux, le Mont-Saint-Michel et les plages du débarquement, cette région attire chaque weekend des milliers de Parisiens.
L'appel de l'air du large, vif et iodé, est irrésistible, les plages de sables y sont immenses. Comment y résister… ? C'est difficile, mais les amateurs de calme, de verdure, de randonnée de toute sorte sauront trouver le chemin de la campagne normande. Sa richesse est dans l'air, un air de qualité.

QUELQUES RENDEZ-VOUS

- 1er juin/fin septembre : son et lumière à la basilique de Lisieux (Calvados).
- 5, 6 et 7 juin : cérémonies du 40e anniversaire du Débarquement.
- 9 et 10 juin : festival folklorique et assemblée internationale de yachts, courses de voiliers, Cherbourg (Manche).
- 9 et 10 juin : rassemblement international de montgolfières, Balleroy (Calvados).
- 23 juin : concours international d'attelage, Deauville (Calvados).
- juillet/août : festival des Heures Musicales au Mont-Saint-Michel (Manche).
- juillet/août : festival musical des soirées normandes (Calvados).
- 13 juillet : départ de la course du Figaro, Granville (Manche).
- 23 juillet : pèlerinage à travers les grèves, Mont-Saint-Michel (Manche).
- 2/13 août : festival d'été au château de Gratot (Manche).
- 31 août/9 septembre : septembre musical de l'Orne.
- 1re semaine de septembre : festival du cinéma américain, Deauville (Calvados).
- 7, 8 et 9 septembre : foire millénaire de la Sainte-Croix, Lessay (Manche).
- 30 septembre : pèlerinage d'automne au Mont-Saint-Michel (Manche).

ACCUEIL, INFORMATION, RÉSERVATION
Comité Interrégional de tourisme : 46, av. Foch, 27000 Évreux. Tél. : 02.32.31.03.03.

Calvados CDT : place du Canada, 14000 Caen. Tél. : 02.31. 86.53.30.

gîtes : 4, promenade Madame de Sévigné, 14039 Caen cédex. Tél. : 02.31.84.47.19 : réservation : 02.31.82.71.65.
Manche ODT : préfecture, 50009 Saint Lô. Tél. : 02.33. 57.46.50. - **gîtes :** même adresse. Tél. : 02.33.57.52.80.
Orne CDT et **gîtes :** 60. rue Saint Blaise, BP 50, 61002 Alençon cédex. Tél. : 02.33. 26.74.00.
Accueil de France : place Saint Pierre, 14300 Caen. Tél. : 02.31.86.27.65.

INFORMATIONS ROUTIÈRES : 02.99.50.73.93 à Rennes.

MÉTÉO :
Informations générales : 02.31.74.74.74 à Caen - 02.33. 29.37.97 à Alençon.
Informations mer : 02.31.88.84.22 à Deauville - 02.33. 44.45.00 à Cherbourg - 02.33.50.10.00 à Granville.

1. What are three cities that illustrate the traditional image of Normandy?

   _____

   _____

2. What word describes the size of the sandy beaches of Normandy?

   _____

   _____

3. How long does the sound and light festival at Lisieux run?

   _____

   _____

4. When and where is the international yacht meet, folk festival and sailboat race?

   _____

   _____

5. When is the international meeting of hot-air balloonists?

   _____

   _____

6. During which two months are the music festivals at Mont-Saint-Michel and in Calvados?

   _____

   _____

7. When and where is the American film festival?

   _____

   _____

8. What day is the fall pilgrimage to Mont-Saint-Michel?

   _____

   _____

9. Where can you write to get more information about all of these events?

   _____

   _____

10. If you want information about the sea, what numbers can you call?

    _____

    _____

Unité 2   *Paris*

1 Your father asks about the occupations of some of your friends' parents. Tell him, using information from *Les Pages Jaunes* as well as other terms for occupations that you have learned. The first answer is done for you.

BOUCHERIES (Détail)

BOUCHERIE VIRET
1 r Centrale ALBIGNY ANNECY-LE-VIEUX – – – – –04 50 23 31 35
CADET Joël 8 chem Colline ANNECY-LE-VIEUX – – – – 04 50 23 78 98
CHENU Fernand 2 av Stand – – – – – – – – – – – – 04 50 57 15 15
EPELY Marius 24 r Carnot – – – – – – – – – – – – 04 50 45 05 79
GERVEX Robert r Noblemaire TALLOIRES – – – – – 04 50 60 71 33
LESPINASSE Henri 20 av Chambéry – – – – – – – 04 50 45 09 39
MIÈGE Pierre 10 av Gambetta – – – – – – – – – – – 04 50 23 74 11
PÉRILLAT Roger 75 av Genève – – – – – – – – – – 04 50 57 01 06

PERNOUD Gilbert
BOUCHER-CHARCUTIER-TRAITEUR
43 bis av Genève – – – – – – – – – – – – – – – – 04 50 57 04 78
POMMIER Pierre 19 r Jean-Jacques Rousseau – – – – – 04 50 45 06 71

PÂTISSERIES

Boulangerie - Pâtisserie
Glaces
A. FALCONNET
1, passage des Pinsons
74000 ANNECY-LE-VIEUX
04.50.23.08.30

COIFFEURS POUR HOMMES ET DAMES

COIFFURE SOINS
jacqueline *Elle* *Lui*
frère **04.50.23.17.87**

FLEURISTES

B. DAVIET
Votre fleuriste
Téléflor

AUX
PERCE NEIGE
FLEURISTE
DÉCORATEUR
2, RUE DES FLEURS
(AVENUE DE CRAN)
ANNECY
TÉL. 04.50.57.69.43
TÉLÉFLEURS

Le Nymphéa
Hervé VISÉRY
FLEURISTE - DÉCORATEUR
Tél. 04.50.57.67.86
Toutes compositions florales
Transmission TÉLÉFLOR-INTERNATIONAL
2, avenue de Genève — ANNECY

INFIRMIERS À DOMICILE

DUMUR Marie-Christine 4 r Fabien Calloud – – – – – 04 50 67 22 66
FANTIN Michelle ham les Tilleuls ANNECY-LE-VIEUX – 04 50 66 18 14
FAVRE Frédérique 6 bd St Bernard de Menthon – – – 04 50 51 70 22
GIROD Laurette 14 r Pré Longé ANNECY-LE-VIEUX – 04 50 23 49 86
HODE Élisabeth 48 av Genève – – – – – – – – – – – 04 50 57 10 34
LAMANT Bruno 8 r Guillaume Fichet – – – – – – – – 04 50 51 12 13
LOROLE Mireille 16 Clos Buisson ANNECY-LE-VIEUX – 04 50 23 43 20
MARTIN Mireille 10 chem Colline ANNECY-LE-VIEUX 04 50 23 25 24
POIRIER Jeannine 4 r Jasmins MEYTHET – – – – – – 04 50 22 04 34

INFORMATIQUE (Matériels et Fournitures Divers)

SYSTIA Informatique

MICRO-INFORMATIQUE
PROFESSIONNELLE
Bureau d'études
diffusion de matériels
et de logiciels
13, avenue Berthollet
74000 ANNECY   Tél. 04 50 97 09 89

PROFESSEURS

DAHI Odette 10 r Henry Bordeaux – – – – – – – – – 04 50 23 72 25
JUGE Henri 49 av Novel – – – – – – – – – – – – – – 04 50 57 05 98
ROUDE Paul 16 av Novel – – – – – – – – – – – – – – 04 50 23 65 80

SPORT ARTICLES ET VÊTEMENTS (Détail)

MONTAGNE - SKI - RANDONNÉE
(peut-être) le magasin le
moins cher de France
TARIF GRATUIT SUR DEMANDE
Route d'Argonay - 74370 PRINGY
Sortie Autoroute Annecy-Nord
Tél. 04.50.27.12.15

— Qu'est-ce que le père de David fait?

— David Daviet? Il est _____ *fleuriste* _____ .

— Et la mère de Salim?

— Salim Fantin? Sa mère est _____ .

— Et le père de Nicolas Roude est pharmacien?

— Non, il est _____ . C'est sa mère, pas son père, qui

est _____ .

— Est-ce que la mère de Delphine travaille toujours au Monoprix?

— Oui, elle est _____ , mais son nouveau mari travaille

pour Systia.

— Il est _____ ?

— Oui.

— Et Jacqueline Frère, la belle-mère de Manu?

— Elle est _____ .

— Le père de Bruno Viret, il est boulanger, n'est-ce pas?

— Non, il est _____ .

— C'est le père de Sandrine Pernoud qui est boucher?

— Oui, il est _____ .

— Qu'est-ce que le père d'Olivier Viséry fait?

— Il est _____ .

— Et les parents d'Annick Falconnet?

— Ils sont _____ .

— Et est-ce que ce sont les Arnaud qui ont le magasin de sport à Pringy?

— Oui, les Arnaud sont _____ .

2 Read the story of Cinderella (**Cendrillon**). Then use at least two adjectives from the list that follows to embellish each description.

âgé	égoïste	paresseux
aimable	facile	pauvre
beau	grand	pénible
content	heureux	riche
de taille moyenne	jeune	sympa
difficile	méchant	triste
diligent	mince	

Modèle:

Le père de Cendrillon prend une nouvelle femme qui n'aime pas Cendrillon.

Elle est âgée, pénible, difficile et méchante.

1. Cendrillon travaille toujours à la maison.

_____

2. Ses nouvelles belles-sœurs ne font rien.

_____

3.   Au bal, Cendrillon danse avec un beau jeune homme.

_____

4.   À minuit, Cendrillon rentre. Le jour après, le jeune homme cherche Cendrillon.

_____

5.   Le jeune homme arrive à la maison de Cendrillon. Le jeune homme aime Cendrillon. Ils sont amoureux.

_____

3 Find 12 words or expressions in the letter grid. Then use them to fill in the blanks in the dialogue.

B	A	I	C	H	O	I	S	I	N	L
D	O	E	L	O	S	E	D	O	F	D
E	N	U	Z	N	P	L	I	E	E	I
V	N	I	L	W	R	T	C	N	E	F
E	I	M	Y	A	I	R	S	V	P	F
N	F	B	W	S	N	A	C	I	U	I
I	N	L	O	U	N	G	A	E	C	C
R	E	P	L	C	D	Y	E	R	C	I
Q	X	U	R	E	D	I	A	R	O	L
E	D	R	A	T	E	R	N	E	E	E
A	I	A	T	T	E	N	D	U	L	P

Stéphanie: Tu es là? _____ ! J'_____ un quart d'heure.

Abdoul: _____, mais je suis _____ parce que je viens d'_____ ma tante dans sa boulangerie dans le Quartier latin. Ma tante est très sympa, mais elle est toujours trop _____.

Stéphanie: C'est _____ d'être _____. Moi, je pense devenir fleuriste. J'_____ de faire une première ES.

Abdoul: Moi, je voudrais _____ commerçant. Mais maintenant, je voudrais finir mes devoirs pour le cours de dessin; donc, j'ai _____ d'aller à cette _____. Allons-y!

4 Circle the letter of the best answer to each question.

1. What is the fastest and cheapest way to get around Paris?

   a. by bus
   b. by subway
   c. by car

2. What does a sign saying **sortie** indicate?

   a. an entrance
   b. an exit
   c. a platform

3. What structure features wrought iron and glass, characteristic of the Art Nouveau style?

   a. **Panthéon**
   b. **Louvre**
   c. **Grand Palais**

4. In relation to the Seine River, where is the **Quartier latin** located?

   a. on the Right Bank
   b. on the Left Bank
   c. on the **île de la Cité**

5. Who is the patron saint of Paris?

   a. Geneviève
   b. Voltaire
   c. Émile Zola

6. In what building are the tombs of many famous French people?

   a. **Petit Palais**
   b. **musée des Beaux-Arts**
   c. **Panthéon**

7. Which program do French high school students choose who are interested in languages, literature, math or art?

   a. the **bac S**
   b. the **bac L**
   c. the **bac ES**

5 Yasmine meets Michel and several friends at a café in Paris. He tells her who has just done what. Use **venir de** and one of the expressions in the list that follows to complete Michel's part of the conversation. The first answer is done for you.

toucher un chèque de voyage	demander une limonade	arriver
manger des sandwichs	acheter des livres en français	entrer dans le café

Yasmine: Salut, tout le monde! Est-ce que je suis en retard?

Michel: Non, nous *venons d'arriver* _____.

Yasmine: Éliane et moi, nous venons de passer une heure à la librairie.

Michel: Ah oui? Je vois! Vous _____.

Yasmine: Jérôme n'est pas là?

Michel: Si! Il _____.

Yasmine: Michel, qu'est-ce que tu vas prendre? Tu as soif?

Michel: Oui, j'ai soif. Je _____.

Yasmine: Cécile et Nadine ont envie de prendre quelque chose?

Michel: Non, elles _____.

Yasmine: Moi, je vais prendre un steak-frites, une salade, du fromage et une tarte aux fraises.

Michel: Ah, voilà pourquoi tu es riche! Tu _____
_____.

6 Yvette's schedule in Paris is so full that everything has become mixed up. Help her sort out what happened yesterday from what's going on right now and what is going to happen tomorrow by putting an "X" in the appropriate column.

	hier	aujourd'hui	demain
Modèle: J'ai perdu mon sac à dos.	x		
1. J'ai perdu mon billet d'avion.			
2. Je vais visiter le musée Picasso.			
3. Kevin a trouvé mon billet.			
4. J'ai téléphoné à mes parents.			
5. Kevin et Alain vont aller au Grand Palais.			
6. Nous avons visité le Louvre.			
7. On a mangé des crêpes.			
8. Claire et Karine ont attendu les garçons.			
9. Nous allons faire du shopping dans le Quartier latin.			
10. Nous visitons le musée d'Orsay.			
11. Nous avons écouté de la musique dans le métro.			
12. On va acheter des affiches.			
13. Nous parlons français.			
14. Valérie a choisi des CDs.			
15. Claire et Simone vont demander un plan de Paris.			
16. Je n'ai pas regardé la télé.			
17. Kevin et Alain mangent de la pizza.			
18. Les garçons ont fini leurs sandwichs.			
19. On a attendu le métro.			

7 | Everyone is talking about what they did in Paris and what gifts and souvenirs they bought. Use the appropriate **passé composé** form of the indicated verb and rewrite the dialogue.

Abdoul: Moi, je / trouver / ces affiches au musée d'Orsay.

Vincent: Combien est-ce qu'elles / coûter?

Abdoul: Six euros.

Karine: Où est-ce que vous / trouver / cette petite tour Eiffel?

Sabrina: On / acheter / cette petite tour Eiffel près de la Seine.

Nathalie: Regardez. Nous / acheter / ces tee-shirts près du Louvre.

Sabrina: Vous / visiter / le Louvre?

Nathalie: Non, Claire et Valérie / visiter / l'arc de triomphe et moi, je / passer / deux heures dans les boutiques.

Vincent: Mais tu / perdre / ton sac à dos et ton argent hier!

Nathalie: Simone / trouver / mon sac à dos ce matin sous mon lit.

—_____

_____

—_____

_____

—_____

_____

—_____

_____

—_____

_____

—_____

_____

—_____

_____

—_____

_____

8 Imagine that you spent a morning in Paris. Write five sentences about what places you visited and what things you did while you were there. Then compare your paragraph with another student's and write two things that you didn't do that the other person did. Finally, write one sentence telling something you both did.

Modèle: *J'ai fini le petit déjeuner à sept heures.*

_____

_____

_____

_____

_____

_____

_____

_____

_____

_____

_____

Je n'ai pas _____

_____

_____

Mon ami(e) et moi, nous avons _____

_____

_____

Leçon B

9 | **A.** Use letters from the word **tableau** to complete each word and form an arrow.

1. On vient ici pour danser.
2. On met le dîner ici.
3. C'est bon quand on a soif.

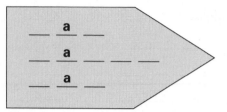

Use letters from the expression **objet d'art** to complete each word and form a rectangle.

1. On porte ça quand il fait froid.
2. J'aime beaucoup! J'….
3. On vend ça à la pâtisserie.

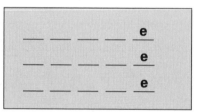

Use letters from the word **sculpture** to complete each word and form a triangle.

1. On voit des voitures ici.
2. Les parents aiment ___ enfant.
3. Il fait mauvais! Il….

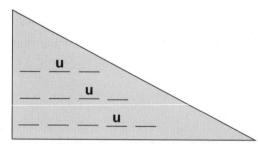

B. Who is important in your life? Next to each of the sun's rays, write the name of a friend or family member that the word makes you think of. Remember that a masculine or feminine person is indicated by the form of most adjectives.

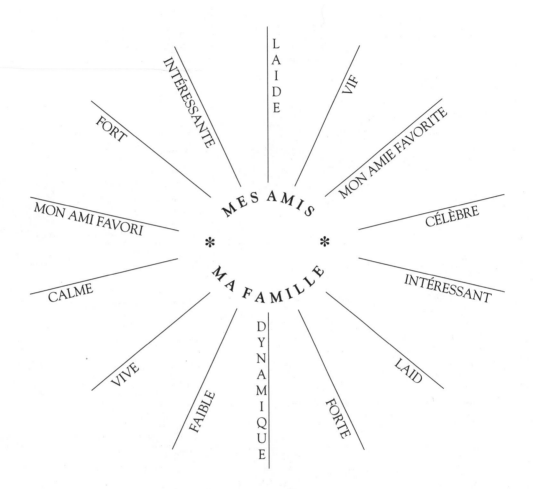

C'EST À TOI!
Level Two

10 Mathieu and Sabrina are trying to decide which museum to visit next. Read the dialogue, then answer the questions based on the dialogue and the brochure.

 Programme des expositions
printemps-été

Musée des antiquités nationales
78100 Saint-Germain-en-Laye - Tél. 01-34-51-53-65
tous les jours, sauf le mardi, de 9 h 45 à 12 h
et de 13 h 30 à 17 h 15
Prix d'entrée : 2,29€, 1,22€ le dimanche (exposition seule 1,52€)

Premiers paysans
de la France méditerranéenne

26 février - 18 mai
Comment l'homme, jusqu'alors chasseur, devint agriculteur, il y a huit mille ans. Comment naquit la civilisation rurale dans la France méridionale. L'homme commence à transformer la nature par une série d'innovations techniques et culturelles : déboisement, domestication des animaux et des plantes, polissage de la pierre et cuisson des poteries, organisation sociale en villages, culte d'une divinité féminine symbolisant le cycle agraire.

Musée Rodin
77, rue de Varenne, Paris 7ᵉ - Tél. 01-47-05-01-34
tous les jours, sauf le mardi, de 10 h à 11 h 30 et de 14 h 30 à 17 h
Prix d'entrée : 2,24€, 1,14€ le dimanche

Photographies anciennes appartenant à Auguste Rodin
9 avril - 7 juillet

Jean Clareboudt
Sculpteur contemporain
juin - septembre

Marbres de Rodin
dans les collections du musée
automne

Musée national de la coopération franco-américaine
Château de Blérancourt (25 km au Nord-Est de Compiègne) - Tél. 03-23-39-60-16
tous les jours, sauf le mardi de 10 h à 12 h et de 14 h à 17 h
Prix d'entrée : 1,52€, 0,76€ le dimanche

L'Amérique au temps de la Statue de la Liberté

à partir du 25 mai
Plus historique qu'artistique, cette exposition présentera des œuvres des collections du musée ayant trait à la vie américaine dans la seconde moitié du XIXᵉ siècle.

 Programme des expositions
printemps-été

Galeries nationales du Grand Palais
Avenue Winston Churchill, place Clemenceau
et avenue du Général-Eisenhower, Paris 8ᵉ - Tél. 01-42-89-54-10
tous les jours, sauf le mardi, de 10 h à 20 h, le mercredi jusqu'à 22 h
Prix d'entrée : 3,81€, 2,74€ le samedi

De Rembrandt à Vermeer
les peintres hollandais
au Mauritshuis de La Haye

21 février - 30 juin
Organisée avec le Mauritshuis, cette exposition réunit soixante chefs-d'œuvre de ce musée : *la Vue de Delft, Jeune Fille au turban* de Vermeer, *le Chardonneret* de Carel Fabritius ainsi que des tableaux de Hals, Rembrandt, Metsu, Potter (...) témoignent de la diversité, de l'énergie et de la créativité de la peinture hollandaise du siècle d'or.

Vermeer, *Jeune Fille au turban*
La Haye, musée Mauritshuis

La sculpture française
au XIXᵉ siècle

12 avril - 28 juillet
Cette exposition permet de redécouvrir l'originalité de la sculpture d'une époque si féconde qu'elle fut appelée « le siècle de la ville sculptée ». 250 sculptures de tous matériaux et de toutes dimensions complétées par des vues anciennes d'ateliers donnent lieu à une étude approfondie des techniques, des sources de la création et des principaux courants stylistiques illustrés par des artistes tels Houdon, Carpeaux, Rodin, Maillol... Cette exposition bénéficie du soutien d'IBM.

Degas, *La grande danseuse*
Paris, musée d'Orsay

Rasa : les neuf visages de l'art indien
13 mars - 16 juin

Exposition organisée par l'Association française d'action artistique
Tél. 01-45-53-82-05

Sabrina: Allons au musée Rodin. J'aime beaucoup la sculpture. Et on peut voir aussi ses vieilles photos.

Mathieu: Moi, je trouve les tableaux plus intéressants que les sculptures.

Sabrina: Mais nous venons de visiter le Louvre et le musée Picasso.

Mathieu: Alors, il y a une exposition au musée des antiquités. On peut voir comment le métier de fermier a commencé.

Sabrina: Je n'aime pas trop l'histoire.

Mathieu: Tiens! On peut aller au Grand Palais. Là, tu peux regarder les sculptures, et moi, je peux voir les tableaux célèbres de Frans Hals, Rembrandt et Vermeer. Regarde cette photo de la *Jeune Fille au turban* de Vermeer. Elle est mystérieuse comme *la Joconde*, non?

Sabrina: Mais elle est moins calme que la sculpture de Degas. Regarde!

Mathieu: Alors, on y va?

Sabrina: Oui, bien sûr! On y va!

1. Qui aime la sculpture? _____

   _____

2. Où est-ce qu'on peut voir des photos d'un artiste célèbre? _____

   _____

3. Pourquoi est-ce que Mathieu ne veut pas aller au musée Rodin? _____

   _____

4. Quels musées est-ce qu'ils ont déjà visités? _____

   _____

5. Pourquoi est-ce que Sabrina ne veut pas visiter le musée des antiquités?

   _____

   _____

6. Où vont-ils aller? Pourquoi? _____

   _____

7. Qui est-ce que Mathieu trouve mystérieux? _____

   _____

8. C'est aujourd'hui samedi. Combien est-ce que ça va coûter? _____

   _____

11 Match each French expression in Column A with its description in English in Column B.

A

1. Réunion
2. *la Joconde*
3. le Marais
4. un hôtel
5. Picasso
6. Renaissance
7. le Piton de la Fournaise

B

a. a period in history marked by a return to classical ideas

b. a Spanish artist whose paintings can be grouped into periods

c. an island off the coast of Africa

d. a seventeenth century mansion

e. an active volcano on Réunion

f. a **quartier** of Paris

g. a famous Renaissance painting

12 Complete the description of an evening at a Parisian restaurant. Fill in each blank with the correct form of **mettre**, **prendre** or **voir**.

Il est 17h00. Au restaurant Les Beaux Arts, on _____ les tables. Les serveurs

_____ qu'il n'y a pas de fleurs, donc ils cherchent des vases et ils _____

les vases de fleurs sur les tables. M. Victor est content; il _____ que tout va bien. Il

_____ une boisson. Mais les serveurs ne _____ rien. Ils travaillent encore!

Ce soir je _____ mon nouveau pantalon pour sortir au restaurant avec Jacques.

Nous _____ souvent nos vêtements favoris pour sortir. Nous allons au restaurant Les

Beaux Arts. Nous _____ le métro. Quand nous arrivons, je _____ qu'il est

déjà 19h30.

M. Victor:	Bonsoir, Messieurs-Dames. _____ vos manteaux là-bas, s'il vous plaît.
Le serveur:	Qu'est-ce que vous _____ ?
Jacques:	Est-ce que tu _____ quelque chose que tu veux _____ ? Moi, je _____ le steak-frites, comme toujours.
Renée:	Euh... moi, je _____ le poulet et une salade.

13 Write complete sentences in the **passé composé** to tell about Pierre's frustrating experience in Paris last Sunday.

Modèle: un bon livre / lire / du Louvre / je / sur les tableaux

J'ai lu un bon livre sur les tableaux du Louvre.

1. vouloir voir / après / je / *la Joconde*

   _____

2. dimanche / faire beau / il

   _____

3. alors, je / le métro / prendre / au musée / ne... pas

   _____

4. mes chaussures favorites / mettre / je

   _____

5. je / deux heures à marcher / devoir passer

   _____

6. trop en retard / être / je

   _____

7. ne... pas / je / pouvoir entrer / dans le musée

   _____

8. voir / ce tableau célèbre / ne... pas / je

   _____

9. très mal aux pieds / je / avoir / lundi

   _____

14 You just finished a whirlwind tour of Paris. You didn't have time to keep a journal, so you simply jotted down brief notes. You are now on the plane on your way home and are trying to piece together the events of the week, based on your notes. Under the appropriate day in your journal, write complete sentences describing what you and your friends did or didn't do. Use the **passé composé** in your sentences. The first sentence is written for you.

lundi
Kristi, Alex, Shawn et moi -
prendre des photos de l'arc de
triomphe
Kristi - faire du shopping dans les
librairies du Quartier latin, acheter
un beau livre sur Paris
Alex et Shawn - vouloir visiter le
musée d'Orsay
moi - avoir envie de visiter le
Louvre
Shawn et moi - visiter le musée
Rodin

mardi
Alex et moi - vouloir visiter le
Louvre
Alex et Angelina - prendre le
métro et visiter la Villette
Shawn, Kristi et moi - voir Paris
du deuxième étage de la tour
Eiffel
moi - lire le livre de Kristi

vendredi
nous - prendre le petit déjeuner
à l'hôtel
tout le monde - chercher mon
passeport
une caissière du restaurant au
Louvre - téléphoner
mon passeport - être sur une
table dans le restaurant au
Louvre
moi - quitter l'hôtel à 10h00 pour
aller au Louvre et puis à l'aéro-
port

jeudi
Shawn - visiter le musée
d'Orsay
Alex et Kristi - faire les
magasins
moi - ne pas avoir envie de faire
du shopping
moi - chercher mon passeport

mercredi
on - voir la Joconde au Louvre
on - prendre le déjeuner au musée
Shawn, Kristi et moi - acheter des
cartes postales
moi - perdre mon passeport
moi - devoir mettre mon passeport
sur la table dans ma chambre
moi - ne pas voir mon passeport
dans ma chambre

lundi *Kristi, Alex, Shawn et moi, nous avons pris des photos de l'arc de triomphe.*

_____

_____

_____

_____

mardi

_____

_____

_____

_____

mercredi

_____

_____

_____

_____

jeudi

_____

_____

_____

_____

vendredi

_____

_____

_____

_____

15 Comment on any five articles of clothing that you see in a chic Paris boutique. Follow the examples, using a demonstrative adjective and other descriptive words that accurately express your thoughts.

Modèles: *Je veux acheter cette belle robe blanche.*

Ce pantalon beige est trop grand pour mon frère.

1. _____

_____

2. _____

_____

3. _____

_____

4. _____

_____

5. _____

_____

16 Imagine that you have been asked to submit a painting to the **Salon de Paris** this year. Do a quick sketch of your painting within the frame provided. Three elements must be clearly perceptible in your drawing: a house, a tree and some flowers. Composition and style are up to you.

When you finish, compare your sketch to a classmate's. Then write five complete sentences, each using the comparative form of an adjective. In the first three sentences, compare various elements in your own drawing. In the last two sentences, compare your sketch to your classmate's. Make sure that you use each comparative form once: **plus... que**, **moins... que** and **aussi... que**. You may want to use some of the adjectives in the following list.

beau	intéressant	moche	grand	fort
riche	joli	vieux	petit	laid
calme	dynamique	vif	faible	

Modèles: *Mes fleurs sont plus belles que mon arbre.*

Le tableau de Paul est moins dynamique que mon tableau.

_____

_____

_____

_____

_____

17 Read the descriptions of ten of Paris' 120 museums and then answer the questions that follow.

Une sélection limitée parmi les quelque 120 musées de Paris et de sa proche banlieue.

LOUVRE, place du Carrousel, 1er, 9h45 à 17h. (18h30 pour la partie centrale). F. mar. et fériés. Six musées en un seul : antiquités gréco-romaines, égyptiennes, orientales, beaux-arts français, italiens, flamands et d'autres encore. En vedette, la " Victoire de Samothrace ", la " Vénus de Milo " et " la Joconde ".

MUSÉE GRÉVIN, 10, bd Montmartre 75009, de 13h à 19h. À travers les siècles, les personnages célèbres (en mannequins de cire grandeur nature), jusqu'au Président de la République et au Pape. Nouveau Musée du Forum des Halles, de 10h30 à 18h45, dimanche et fêtes de 13h à 19h15. Un spectacle animé son et lumière qui fait revivre le Paris 1900.

MUSÉE D'ART ET D'ESSAI, 13, av. du Prés.-Wilson, 16e, 9h45 à 17h15. F. mar. Braque, Rouault, Seurat, Signac, objets et sculptures Art Nouveau.

MUSÉE PICASSO, Hôtel Salé, 5, rue Thorigny 75003 PARIS 01.42.71.25.21. Ouvert de 9h45 - 17h (sauf Mardi). Le Mercredi 9h45 - 22h.

GRAND ET PETIT PALAIS, Place Clemenceau, 8e. Métro : Champs-Élysées-Clemenceau. Construit pour l'Expo. Universelle de 1900, le Grand Palais abrite, outre le Palais de la Découverte, les plus prestigieuses expositions temporaires. Le Petit Palais, pour les collections des Beaux-Arts de la Ville de Paris, plus quelques Bonnard (10h - 17h30. F. lundi et fériés).

CENTRE POMPIDOU (BEAUBOURG), 120, rue Saint-Martin, 4e, 01.42.77.12.33. 12h à 22h (ouvert dès 10h dimanche). F. mar. Le Musée National d'Art Moderne de l'après-impressionnisme à nos jours, plus des expositions temporaires, concerts, ballets, cinémathèque.

CITÉ DES SCIENCES ET DE L'INDUSTRIE - LA VILLETTE, 30, avenue Corentin-Cariou, Métro Porte de la Villette, de 14h à 22h sauf le lundi. Tous les aspects de l'aventure humaine dans la Cité du XXIe siècle. La GÉODE.

ORANGERIE, Jardin des Tuileries, 1er, 9h45 à 17h15. F. mar. et fériés. Exposition permanente de la collection Jean Walter et Paul Guillaume, et les salles des " Nymphéas " de Claude Monet.

RODIN, 77, rue de Varenne, 7e. Les plus belles sculptures de l'artiste avec " Le Baiser ", " Le Penseur ", " Balzac ", " Victor Hugo " et " Les Bourgeois de Calais " dans une parfaite demeure du XVIIIe et son jardin d'origine.

MUSÉE DES ARTS DÉCORATIFS, 107-109, rue de Rivoli, Métro Palais Royal, de 12h30 à 18h30 sauf lundi et mardi, de 11h à 17h le dimanche. Collections permanentes et expositions.

1. Where can you browse for 12 hours on Sundays viewing post-impressionist paintings?

    _____

    _____

2. What sculptor's works are displayed in a garden?

    _____

3. What two museums were built for the 1900 World's Fair?

    _____

    _____

4. What is the telephone number of the museum that contains the *Portrait de Dora Maar?*

    _____

5. What museum showcases a city in the 21st century?

    _____

    _____

6. What are the hours of the museum that contains *la Joconde?*

    _____

    _____

7. What is the name of Paris' wax museum?

    _____

8. Which artist's paintings of water lilies are in the **Orangerie?**

    _____

    _____

9. What museum is actually six museums in one?

    _____

10. What museum should you visit if you're interested in the Art Nouveau style?

    _____

    _____

11. In what public park is the **Orangerie?**

    _____

    _____

12. Which museum is on the **rue de Rivoli** near the **Louvre?**

    _____

    _____

Leçon C

18 **A.** Use the illustrations to help you fill in the crossword puzzle.

B. Choose one of the animals in Activity 18A and write at least three sentences in French about it. You might want to write about what kind of animal it is, what it looks like, what it eats or some of its other characteristics.

Modèle: *J'aime les dauphins. Ils sont gris et longs.*

Ils mangent des poissons. Ils aiment nager.

_____

_____

_____

_____

19 You are planning a visit to the **parc zoologique de Paris**. Use the brochure to find information to answer the questions that follow.

1. À quelle heure est-ce qu'on peut entrer dans le parc?

   _____

2. À quelle heure est-ce qu'il faut quitter le parc?

   _____

   _____

3. Combien coûte l'entrée?

   _____

4. Quelles sont les deux stations de métro près du parc?

   _____

5. Quels animaux est-ce qu'on peut voir?

   _____

6. À quelle heure est-ce qu'on donne à manger aux pélicans?

   _____

7. Où est-ce qu'on peut manger?

   _____

8. Est-ce qu'on peut acheter des livres au parc?

   _____

20 | Answer the following questions.

1. What is the name of the system of express trains in and around Paris?

   _____

2. What impressionist artist is famous for his paintings of the small farms near the city of Pontoise?

   _____

   _____

3. What is the French word for "woods"?

   _____

4. What are two attractions in the **bois de Vincennes**?

   _____

5. What are three things that Parisians can do in the **bois de Boulogne**?

   _____

   _____

6. What are the names of two theme parks near Paris that appeal to children?

_____

_____

7. In what Parisian park do children often sail toy boats in a pond?

_____

21

A. Imagine that you write an advice column. Suggest to the following people something they should or should not do.

Modèle: une petite fille de dix ans qui n'est pas forte en maths _Étudie plus!_

1. un nouveau professeur de français _____

2. deux nouveaux élèves à votre école _____

3. un petit garçon timide _____

4. une fille qui va sortir avec un garçon pour la première fois _____

5. deux parents qui choisissent un cadeau pour leur fils _____

6. un(e) de vos ami(e)s qui regarde trop la télé _____

B. You and your friend are in Paris for only one day. Suggest four things that you can do together.

Modèle: _Allons au bois de Vincennes._ _____

1. _____

   _____

2. _____

   _____

3. _____

   _____

4. _____

   _____

22 Write a complete sentence in French to tell which of the following animals corresponds to each description.

Modèles: le plus grand

La girafe est le plus grand animal.

le plus aimable

Le chien est l'animal le plus aimable.

1. le plus petit

_____

2. le plus intelligent

_____

3. le plus beau

_____

4. le plus méchant

_____

5. le plus laid

_____

6. le plus fort

_____

7. le plus calme

_____

23 You've already learned about **la Villette**, a popular cultural center and ultramodern science museum in the northeastern part of Paris. Use the note-taking techniques you learned in **Sur la bonne piste** to complete a graphic organizer on page 52 based on an article about **la Villette**. Remember to look for cognates in order to help you understand what you are reading. Also, pay attention to different parts of speech and word families.

Le musée Explora

Au milieu de la Villette se trouve ce musée technologique. Vous avez le choix d'un ensemble d'expositions interactives et audiovisuelles. Il y a même des jeux pour vous intéresser aux sciences dans ce musée énorme et impressionnant de 30.000 m².

Techno cité

Ce centre est ouvert aux adolescents et aux adultes. Il vous présente le monde fascinant de la technologie par l'observation, la fabrication et la manipulation d'objets réels. Des découvertes vous attendent à chaque instant.

Le Musée de la musique

Si vous aimez la musique, ce musée est pour vous. Vous pouvez voir près de 900 instruments de musique, apprendre l'histoire de la musique ou apprécier des tableaux sur le thème de la musique. (Commentaires en français et en anglais)

Le Centre équestre

Pour découvrir l'équitation, la Villette vous propose son Centre équestre. Chevaux et poneys sont à votre disposition. Simple amateur ou véritable jockey, vous trouverez votre plaisir à côté de ces animaux majestueux. Nous proposons aussi des stages d'équitation pour apprendre à faire du cheval. (Tous âges, à partir de 4 ans)

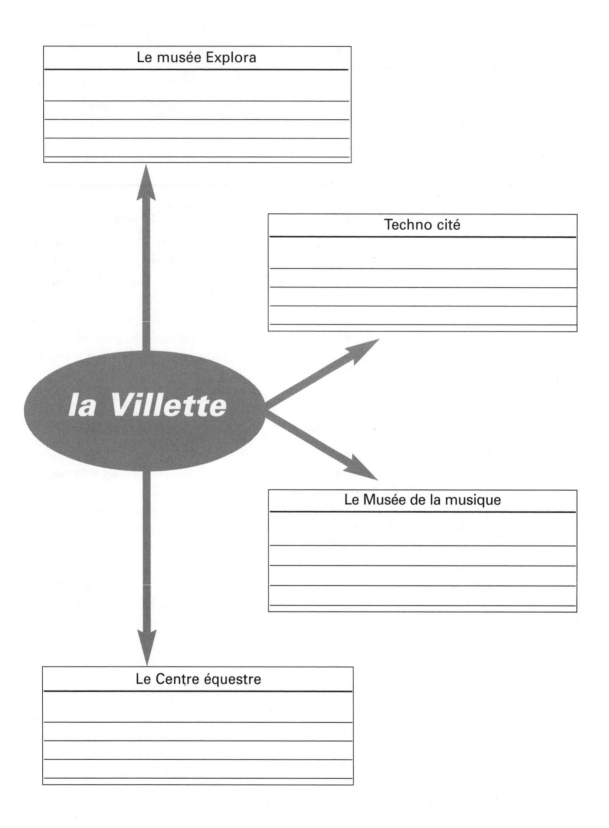

Le musée Explora

_____
_____
_____
_____
_____

Techno cité

_____
_____
_____
_____
_____

la Villette

Le Musée de la musique

_____
_____
_____
_____
_____

Le Centre équestre

_____
_____
_____
_____
_____

Unité 3   En France

1 | **A.** Circle the geographic features that are found in the region where you live. Cross out those that are not.

la campagne   un lac

une cascade   une montagne

un étang   un océan

un fleuve   une rivière

une île

B. Imagine that you drove north from the area where you live. Number the geographic features you have circled in Activity 1A in the order in which you encountered them. For example, if, while driving north, you came first to a river, write "1" next to **un fleuve**. Then write a short paragraph describing your trip and the order in which you saw things, using expressions such as **d'abord, et puis** and **enfin**. Finally, compare what you have written with a classmate to check the sequencing of your geographic features.

_____

_____

_____

_____

_____

_____

_____

_____

_____

_____

_____

_____

2 | Write the appropriate preposition to complete each of the following sentences.

1. Les Caumartin vont à Marseille _____ voiture.

2. Jean-François va à Disneyland Paris _____ train.

3. Ousman et Éric sont sur le lac. Ils sont _____ bateau.

4. Je cherche une cascade dans la montagne. Je suis _____ pied.

5. Xavier, Claire et Caroline sont au-dessus de l'océan Atlantique. Ils voyagent _____ avion.

6. Marie-Alix va au centre commercial _____ autobus.

7. Jacques fait le tour de l'île _____ vélo.

3 | During Gérard's trip to France, he made sketches in his travel journal to remember each day's activities. Write the letter of the appropriate description under each sketch.

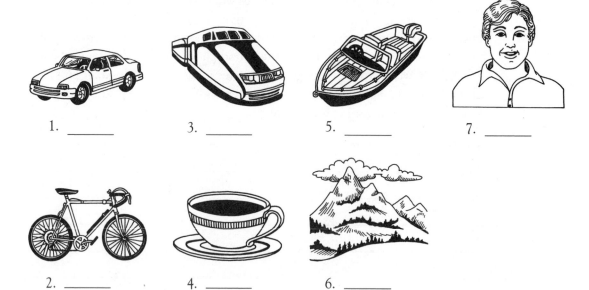

1. _____   3. _____   5. _____   7. _____

2. _____   4. _____   6. _____

A. Le jour après nous sommes allés à la campagne à vélo.

B. Un matin j'ai pris le petit déjeuner au café avec mon correspondant et ses copains.

C. J'ai passé un bon séjour en famille.

D. Jeudi mon correspondant et moi, nous avons traversé le lac en bateau.

E. Le dernier jour nous sommes allés à la montagne.

F. Le premier jour nous avons fait le tour de la ville en voiture.

G. Puis, on a pris le train pour visiter un château célèbre.

4 Complete each sentence with the appropriate expression from the following list.

Marseille

Provence

orange

château d'If

SNCF

Aix-en-Provence

pont du Gard

two

1. The _____ is the French national railway company, known for the efficiency of its trains.

2. There are _____ classes of trains in France.

3. Before boarding a train, travelers must stamp their tickets in an _____ machine.

4. _____ is France's largest port.

5. The novel *The Count of Monte-Cristo* takes place in the _____.

6. Many Roman monuments are still standing in the province of _____.

7. The _____ is a two thousand-year-old aqueduct.

8. The artist Cézanne spent much of his life in _____, a city famous for its numerous fountains.

5 **A.** You want to go swimming in the river with friends, but you don't have a ride yet. You call a friend to find out if you can ride with her. Complete the following conversation with appropriate forms of the verb **partir**.

—À quelle heure est-ce qu'on _____ pour la rivière?

—Henri et moi, nous _____ dans une demi-heure, mais Marie et Julien _____ tout de suite.

—Je peux aller avec vous?

—Oui, bien sûr.

—Vous _____ d'où?

—Nous _____ d'ici. Henri va être chez moi à 14h00. Tu _____ bientôt, n'est-ce pas?

—Oui, je _____ tout de suite.

B. You've recently moved out of town. Complete the following dialogue to find out just how much things have changed when you come back to visit an old friend. Use appropriate forms of the verb **sortir**.

—Avec qui _____-tu maintenant?

—Avec Patrick. Pourquoi?

—Avec Patrick? Non! Il ne _____ plus avec Chantal?

—Non. Chantal _____ avec Dimitri maintenant. Ils _____ souvent.

—Vraiment? Alors, Dimitri et Alice ne _____ plus ensemble?

—Non, non.

—Alors, Patrick et toi, vous _____ ce weekend?

—Oui, nous _____ ce soir. Nous allons au cinéma.

---

6 In each sentence, write the appropriate form of the helping verb **être** in the first blank. In the second blank, add the correct agreement to the past participle, if necessary.

Modèle: Jeanne et Lucie _____*sont*_____ mont_*ées*_ à leur chambre.

1. Les Sabatini _____ venu_____ d'Europe.

2. Monique _____ entré_____ dans la salle à manger.

3. Leurs fils _____ devenu_____ médecins.

4. Alain et moi, nous _____ parti_____ tout de suite.

5. Je _____ allé_____ au fast-food après les cours.

6. Pierre _____ revenu_____ à dix heures.

7. Quand est-ce que vous _____ parti_____, vous deux?

8. Laure et Valérie _____ arrivé_____ en retard.

9. À quelle heure _____-tu rentré_____, Véronique?

---

7 Your parents had to be out of town for a few days. When they return, your mother has a lot of questions. Answer her in complete sentences to tell what you've done or haven't done during the past few days.

—Tes copains et toi, est-ce que vous êtes sortis samedi soir?

—Oui, _____

—Où est-ce que vous êtes allés?

—_____

—À quelle heure est-ce que vous êtes partis?

—_____

—Est-ce que vous êtes rentrés après minuit?

—_____

—Est-ce que tu es resté(e) à la maison dimanche?

—_____

—Est-ce que tu es allé(e) à l'école lundi?

—Oui, _____

—Est-ce que tu es arrivé(e) à l'école à l'heure?

—_____

—À quelle heure est-ce que tu es revenu(e) de l'école?

—_____

8 Everyone is talking about what they did during the long weekend. Complete the dialogue by writing the appropriate **passé composé** forms of the indicated verbs.

Jérôme: Salut, les filles! Qu'est-ce que vous _____ (faire) pendant le weekend?

Chloé: Nous _____ (aller) à la plage. Nous _____ (partir) après les cours vendredi.

Jérôme: Vraiment? Vous _____ (voir) Florence et Christine? Elles aussi, elles _____ (aller) à la plage?

Chloé: Non, mais nous _____ (voir) Étienne et Louis. On _____ (manger) ensemble.

Jérôme: Tiens! Nicolas! Qu'est-ce que tu _____ (faire) pendant le weekend?

Nicolas: Moi, je _____ (aller) au lac avec Jean-François et Christophe.

Jérôme: Quand est-ce que vous _____ (rentrer)?

Nicolas: Nous _____ (rentrer) dimanche matin parce que Jean-François _____ (devenir) malade. Et toi, qu'est-ce que tu _____ (faire)?

Jérôme: Je _____ (rester) chez moi parce que j'_____ (devoir) travailler samedi et dimanche. Pas de chance!

9 Look at the brochure that advertises hotels in the Eldorador chain. Identify which ones have certain features by naming the city and country where each hotel is located.

CHOISISSEZ VOTRE ELDORADOR

		Saint-Tropez, France	Cádiz, Espagne	Calabria, Italie	Agadir, Maroc
PORTRAIT	• Ville la plus proche	5 km	2 km	15 km	1 km
	• Durée du transfert		2 h	45 mn	30 mn
	• Nombre de chambres	75	182	240	200
	• Bungalow/chambre	C	C	C/B	B
	• Chauffage ou climatisation	ch	ch		ch
	• Boutique/presse	•	•	•	•
	• Animaux acceptés	•		•	•
REPAS	• Pension complète/demi-pension	DP	PC	DP/PC	PC
	• Restaurant à la carte	1		1	4
PLAGE	• Sable fin/galets	SF	G	SF	SF
	• Distance	2 km	800 m	400 m	200 m
	• Les pieds dans l'eau				
Piscine		•	•	•	•
TENNIS	• Nombre de courts	2	1	8	16
	• Leçons/stages	L	L	L	L/S
PLANCHE À VOILE	• Nombre de planches environ			10	10
	• Leçons/stages			L	L
SPORTS DIVERS	• Plongée	•			
	• Voile			•	
	• Ski nautique	•		•	
	• Équitation	•		•	•
	• Tir à l'arc	•			
	• Mini-golf		•		•
Cours d'initiation à la langue			•	•	•
Vidéo		•	•	•	•
Discothèque					
MINI ELDO	• Aire de jeux	•	•	•	
	• Table d'hôte		•	•	
	• Bain pour enfants	•	•	•	

Modèle: Il y a quatre restaurants dans l'hôtel Eldorador *à Agadir au Maroc* .

1. On est à deux kilomètres de la plage à l'hôtel Eldorador _____ .

2. Il n'y a pas d'animaux à l'hôtel Eldorador _____ .

3. Il y a 240 chambres dans l'hôtel Eldorador _____ .

4. On est très près de la plage à l'hôtel Eldorador _____ .

5. Il y a des cours d'italien à l'hôtel Eldorador _____ .

6. Il y a quatre sports à l'hôtel Eldorador _____ .

7. Il y a seulement un sport à l'hôtel Eldorador _____ .

8. On est à un kilomètre de la ville à l'hôtel Eldorador _____ .

10 **A.** Rank the reading materials from the least to the most time-consuming to read. Write "1" by the item you can read the fastest and continue until "7" for the item that takes you the longest.

_____ une bande dessinée   _____ un journal

_____ un message   _____ un roman

_____ une carte   _____ une lettre

_____ un magazine

B. Fill in each blank with the name of the animal that fits the description. Then unscramble the circled letters to discover the name of the animal in the last sentence.

1. Béatrice fait du sport. Elle fait souvent du __ __◯__ __ __.

2. Le ◯__ __ __ __ a de longues oreilles.

3. On voit souvent ensemble M. le __◯__ et Mme la __◯__ __ __. Elle donne des œufs.

4. La __ __ __◯__ donne du lait.

5. Le ◯__ __ __ __ __ adore nager.

6. "Bê" est le bruit que font le __ __ __ __ __◯et la ◯__ __ __ __ __.

7. On voit __ __ __ __ __ __ __ __ dans le film *Babe*.

11 After reading in the textbook about Isabelle's vacation on a friend's farm, recreate the letter that she sent to her parents. Add the missing words.

près de Lille, le 17 juillet

Mes chers parents,

Salut! Je suis très _____ chez Béatrice. Nous sommes très _____—le travail de fermier est _____! Nous prenons le _____ très tôt, puis nous nourrissons les _____. Il y a beaucoup de _____, de _____ et de _____ dans la ferme.

Le _____ jour nous avons fait du _____, le _____ jour nous avons nettoyé la _____, et le _____ jour nous avons envoyé des _____ et des _____.

Je pense souvent à vous deux, mes très chers parents.

Grosses bises,
Isabelle

12 | Match each French expression on the left with its description in English on the right.

_____ 1. amicalement

_____ 2. brasseries

_____ 3. Lille

_____ 4. Monsieur

_____ 5. Flandre

_____ 6. Chère Béatrice

a. the most important city in northeastern France

b. an expression to close a letter to someone you know well

c. small restaurants that serve food and beer

d. an expression to start a letter to someone you know well

e. a province in northeastern France

f. an expression to begin a business letter

13 | After Isabelle writes to her parents from the farm, her mother sends Isabelle a letter. Write the missing words, using the correct form of the verb **dormir** in the first paragraph and **lire** in the second.

Paris, le 22 juillet

Ma très chère Isabelle,

Merci pour ta lettre du 17 juillet. Tu es contente de ta vie dans la ferme, c'est formidable! Tu travailles dur! Est-ce que tu _____ bien après ton travail? Béatrice et toi, est-ce que vous _____ huit heures? C'est peut-être difficile dans la ferme parce que les animaux _____ près de la maison et le coq ne _____ pas beaucoup. Il commence très tôt le matin. Moi, je _____ toujours bien. Ton père et moi, nous _____ sept ou huit heures.

Ici la vie est très calme. Ton père, tes frères et moi, nous _____ un peu après le dîner chaque soir. Je _____ "Les animaux du Québec," un très bon livre. Tu _____ déjà _____ ce livre, n'est-ce pas? Qu'est-ce que tu _____ maintenant? Est-ce que Béatrice et toi, vous _____ souvent? Ton frère Robert _____ l'histoire de Babe, un cochon très sympa. Ton père et ton petit frère Benjamin _____ ensemble l'histoire de Babar, le petit éléphant.

À bientôt, ma chère fille,

Ta maman

14 | **A.** A storm is coming, so Monsieur le Fermier rounds up all the animals to bring them into the barn. Using ordinal numbers, write the order in which the animals arrive.

1. Le _____ animal à arriver est _____.

2. Le _____ animal à arriver est _____.

3. Le _____ animal à arriver est _____.

4. Le _____ animal à arriver est _____.

5. Le _____ animal à arriver est _____.

6. Le _____ animal à arriver est _____.

7. Le _____ animal à arriver est _____.

8. Le _____ animal à arriver est _____.

9. Le _____ animal à arriver est _____.

10. Le _____ animal à arriver est _____.

B. Your parents recently took a trip to Egypt. Write ordinal numbers to tell which day of their trip your parents did each activity, according to their itinerary.

Circuit **10** jours | **9** nuits | Pension complète

ÉGYPTE

Croisière au pays des Dieux

À partir de **989€**

Départ pour le Caire
1er jour : transfert à Paris. Vol vers le Caire. Nuit à l'hôtel (catégorie luxe).

Le Caire - Les pyramides
2e jour : le matin : Memphis et Sakkarah. Déjeuner. Après-midi, plateau de Guizeh : le sphinx, les pyramides. Transfert en wagons-lits.

Louxor - Karnak
3e jour : arrivée à Louxor. Embarquement. Bateau de luxe. Visite des temples de Louxor et Karnak.

Thèbes
4e jour : le matin : la nécropole de Thèbes, après-midi libre.

Esna - Edfou
5e jour : croisière vers Esna. Temple du dieu Khnom. Continuation vers Edfou : le temple d'Horus. Arrivée Kom Ombo.

Kom Ombo - Assouan
6e jour : visite de Temples à Kom Ombo. Continuation vers Assouan. Felouque autour de l'île éléphantine.

Assouan
7e jour : visite du haut barrage d'Assouan. Le temple de Philaë. Temps libre. Départ en wagons-lits.

Le Caire
8e jour : arrivée au Caire. Journée libre en pension complète. Hôtel de luxe.

Le Caire
9e jour : le matin, visite du musée national. Déjeuner. Visite des mosquées d'Ibn Touloun et Sultan Hassan. Les souks de Khan et Khalili.

Le Caire et retour
10e jour : transfert à l'aéroport. Envol pour Paris. Retour vers votre point de départ.

Formatités:
Passeport + visa (27,44€).

Devises: livre égyptienne.
Se munir d'euros ou dollars US.

Modèle: *Le quatrième jour* _____ ils ont visité Thèbes.

1. _____ ils sont allés à Kom Ombo et Assouan.

2. _____ ils ont visité le musée national au Caire.

3. _____ ils ont fait une promenade en bateau.

4. _____ ils sont partis de Paris.

5. _____ ils ont été à Memphis et Sakkarah.

6. _____ ils sont allés du Caire à Paris.

7. _____ ils ont visité Assouan.

8. _____ ils sont arrivés au Caire d'Assouan.

9. _____ ils sont arrivés à Kom Ombo.

15 Thierry has just told his best friend, Bruno, about a weird dream he had. Bruno retells Thierry his dream to make sure Thierry understood. Write the plural forms of the underlined words in Thierry's corrections.

Bruno: Bien, tu as mis ton manteau et un <u>vieux</u> <u>chapeau</u>…

Thierry: J'ai mis mon manteau et deux _____ _____, un dans la main et l'autre sur la tête.

Bruno: Puis, tu as pris l'<u>autobus</u> jusqu'au pont.

Thierry: Vraiment, j'ai pris deux _____.

Bruno: Et tu as lu un <u>journal</u> dans l'autobus.

Thierry: J'ai lu deux _____, *le Figaro* et *le Monde*.

Bruno: Tu es allé à pied jusqu'au lac où tu as vu un <u>beau</u> <u>bateau</u> <u>marron</u>.

Thierry: J'ai vu deux _____ _____ _____.

Bruno: Et tu as vu un <u>animal</u> dans chaque bateau.

Thierry: Pas juste un. J'ai vu beaucoup d'_____.

Bruno: Des lions, des tigres et des ours?

Thierry: Non, des _____ de la ferme, comme des vaches, des chèvres, des cochons, des poules.

Bruno: Un <u>cheval</u>?

Thierry: Deux _____.

Bruno: Et les animaux ont donné un <u>cadeau</u> à leurs amis?

Thierry: Des _____.

Bruno: Les poules ont donné un œuf <u>frais</u>, j'imagine?

Thierry: Elles ont donné douze œufs _____ à tout le monde.

Bruno: Et la vache a donné du lait au chat?

Thierry: Non, pas de lait, un chapeau. Un <u>nouveau</u> <u>chapeau</u> <u>orange</u>. Non, deux. Deux _____ _____ _____. Sympa, non? Oh, zut! C'est là où j'ai mis les œufs!

16 Create an economic map of France. Write each item in the list at the bottom of the page next to the name of the province or city with which it is associated.

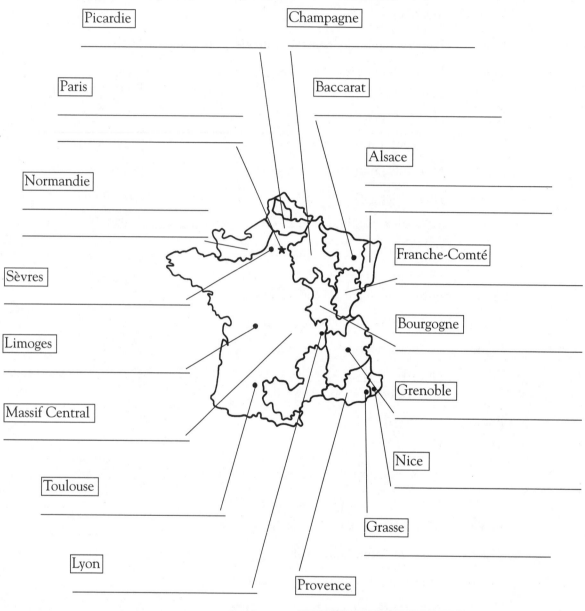

Picardie

Champagne

Paris

Baccarat

Alsace

Normandie

Franche-Comté

Sèvres

Limoges

Bourgogne

Massif Central

Grenoble

Toulouse

Nice

Lyon

Grasse

Provence

Airbus Industrie	fashion industry	herbs
apple cider and brandy	gloves	high-tech industrial center
bottled water	Gruyère cheese	iron mines
Brie cheese	Munster cheese	fine porcelain (two cities)
Camembert cheese	olive trees	silk
crystal	perfume industry	wine (three provinces)

Leçon C

17 To find out what's waiting for you at a restaurant, write the new food-related expression from this lesson that corresponds to each clue.

1. Je suis une boisson rouge ou blanche. Je suis _____.

2. On prend _____ dans un bol.

3. Nous habitons dans le jardin. Nous sommes _____.

4. On peut regarder _____ sur la fenêtre ou sur la porte d'un restaurant français.

5. Je suis une boisson chaude. Je suis _____.

6. On finit son dîner. Puis, on demande _____.

7. Nous venons de l'océan. Nous sommes _____,
   _____ et _____.

8. Nous sommes froides et en morceaux. Nous sommes bonnes pour la santé. Nous sommes
   _____.

9. Je suis blonde. Ma sœur est brune. Nous sommes des desserts. Je suis
   _____ et ma sœur est _____.

18 Referring to the dialogue in which Mme Monterrand took her niece to lunch, decide if the sentences that follow are true or false. If the sentence is true, write **V** for **vrai**. If it is false, write **F** for **faux**. Rewrite any false sentences to make them true.

_____ 1. Il y a beaucoup de monde dans le restaurant.

_____

_____ 2. Il faut avoir une réservation dans ce restaurant.

_____

_____ 3. Mme Monterrand recommande le menu.

_____

_____ 4. Elles ont le choix entre deux entrées.

_____

_____ 5. Zohra choisit la mousse au chocolat.

_____

_____ 6. Mme Monterrand va prendre la mousse au chocolat aussi.

_____

_____ 7. Elles vont commencer avec un café.

_____

_____ 8. Elles passent une demi-heure au restaurant.

_____

_____ 9. Leurs deux repas vont coûter 12,20 euros.

_____

_____ 10. Elles mangent très bien.

_____

19 | Circle the best answer to each question.

1. What is the second largest city in France?

   a. Paris   b. Lyon   c. Marseille

2. Which river does not flow through Lyon?

   a. Saône   b. Loire   c. Rhône

3. Which famous French chef owns a restaurant outside Lyon?

   a. Julia Child   b. **les mères**   c. Paul Bocuse

4. What is the name of the cooking method by which food is prepared with light sauces to bring out the texture and flavor of the ingredients?

   a. **nouvelle cuisine**   b. **haute couture**   c. **haute cuisine**

5. What is the French expression for ordering food items individually from the menu?

   a. **à prix fixe**   b. **à la carte**   c. **service compris**

6. What is the French expression for ordering a complete meal at one set price?

   a. **à prix fixe**   b. **à la carte**   c. **service compris**

20 **A.** There's a festival going on in a nearby town and you are trying to find someone to go with you. Say that people want to go, but they can't because they have something else they have to do.

Modèle: —Tu vas à la fête, Georges? (rester à la maison)

Je veux bien, mais je ne peux pas. Je dois rester à la maison.

—Vous allez sortir, Jeannette et Isabelle? (faire le dîner)

—_____

—_____

—Et toi, Mériam? (finir mes devoirs)

—_____

—Tes frères vont venir? (travailler)

—_____

—Est-ce qu'Hélène va venir? (attendre son père à l'aéroport)

—_____

—_____

—Nicolas va venir? Il aime les fêtes. (jouer au basket)

—_____

—Alors, il y a Anne et Adja. Est-ce qu'elles vont venir? (faire les courses)

—_____

—_____

B. You and your friend Annick are organizing a dinner party for eight guests. Your mother reminds you of how much work it involves. Take notes to remember what you need to do. Begin each sentence with **Il faut**.

Modèles: —Vous n'avez pas choisi le menu?
Il faut choisir le menu.

—Vous allez nettoyer la maison?
Il faut nettoyer la maison.

1. —Vous n'avez pas choisi la date et l'heure du dîner?

_____

2. —Vous n'avez pas invité vos amis?

_____

3. —Vous n'avez pas acheté la nourriture pour le repas?

   _____

4. —Vous allez faire l'entrée, le plat principal et le dessert?

   _____

5. —Vous allez mettre la table?

   _____

6. —Vous allez nettoyer la cuisine après?

   _____

---

21 | Suggest a complete meal to each person, selecting an appropriate item from each category.

Entrées	Plats principaux	Boissons
crudités	coq au vin	eau minérale
escargots	quiche avec des haricots verts	lait
fruits de mer	saumon à la sauce hollandaise	thé
pâté	poulet	vin

Modèle: Tu parles à un garçon américain.

Prends des crudités, du poulet et du lait.

1. Tu parles à ton amie qui mange seulement des légumes.

   _____

2. Tu parles à quelqu'un qui joue au tennis.

   _____

3. Tu parles à ton oncle qui adore les plats français.

   _____

4. Tu parles à deux amis qui aiment bien les fruits de mer.

   _____

5. Et toi? Qu'est-ce que tu prends?

   _____

22 M. Maurice Mouton has invited his animal friends to a buffet. As they look at the table, they notice food(s) they never eat. Identify one forbidden food for each animal.

bouillabaisse	crudités	fruits de mer	jambon	poulet
coq au vin	escargots	haricots verts	omelette	steak

Modèle: Christophe le coq *ne prend jamais de coq au vin* _____.

1. Valérie la vache _____.

2. Pierre le poisson _____.

3. Charles le cochon _____.

4. Pauline la poule _____.

5. Lancelot l'oiseau _____.

23 Brian wrote to the Department of Tourism to ask for information about the French city of Cahors and its surrounding area. Unfortunately, his new puppy found the reply and now it's in little pieces. Only the body of the letter is intact and has been reproduced below. Rewrite the six missing pieces of information, putting them in their correct position on the following page.

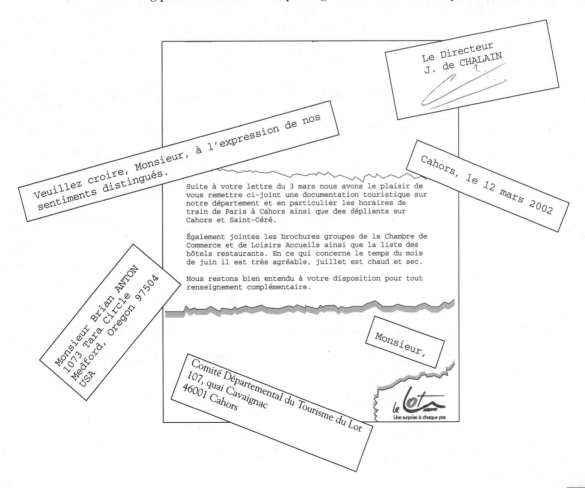

Le Directeur
J. de CHALAIN

Veuillez croire, Monsieur, à l'expression de nos sentiments distingués.

Cahors, le 12 mars 2002

Suite à votre lettre du 3 mars nous avons le plaisir de vous remettre ci-joint une documentation touristique sur notre département et en particulier les horaires de train de Paris à Cahors ainsi que des dépliants sur Cahors et Saint-Céré.

Également jointes les brochures groupes de la Chambre de Commerce et de Loisirs Accueils ainsi que la liste des hôtels restaurants. En ce qui concerne le temps du mois de juin il est très agréable, juillet est chaud et sec.

Nous restons bien entendu à votre disposition pour tout renseignement complémentaire.

Monsieur Brian ANTON
1073 Tara Circle
Medford, Oregon 97504
USA

Monsieur,

Comité Départemental du Tourisme du Lot
107, quai Cavaignac
46001 Cahors

le lot
Une surprise à chaque pas

Suite à votre lettre du 3 mars nous avons le plaisir de vous remettre ci-joint une documentation touristique sur notre département et en particulier les horaires de train de Paris à Cahors ainsi que des dépliants sur Cahors et Saint-Céré.

Également jointes les brochures groupes de la Chambre de Commerce et de Loisirs Accueils ainsi que la liste des hôtels restaurants. En ce qui concerne le temps du mois de juin il est très agréable, juillet est chaud et sec.

Nous restons bien entendu à votre disposition pour tout renseignement complémentaire.

Unité 4 *La vie quotidienne*

1 **A.** Vous voulez acheter des affaires de toilette au supermarché, mais vous avez seulement 7,62 euros. Quels objets sur votre liste est-ce que vous choisissez d'acheter? Quels objets est-ce que vous ne pouvez pas acheter?

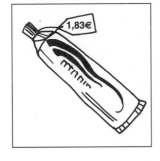
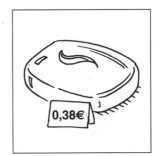
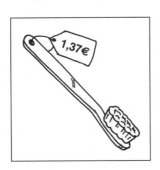
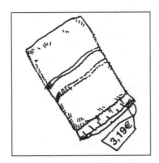

1. Des objets sur ma liste, je vais acheter _____

   _____.

2. Je ne peux pas acheter _____

   _____.

B. Qu'est-ce que Didier fait pendant une journée typique? Complétez chaque phrase avec la forme correcte du verbe convenable (*appropriate*) de la liste suivante (*following*).

se brosser / se laver / se coucher / se lever / se déshabiller / se réveiller / s'habiller

À six heures et demie, Didier _____. Il ne _____ pas tout de suite; il dort encore dix minutes. Puis, il va dans la salle de bains où il _____ les dents et _____ la figure. Dans sa chambre il _____: aujourd'hui il met un jean et une chemise. À dix heures et quart, il _____, mais d'abord, il _____, bien sûr!

---

2 | Qu'est-ce que vous savez sur (*know about*) les deux étudiantes à l'université d'Haïti à Port-au-Prince? Encerclez (*circle*) la réponse convenable.

Latifa

1. Latifa cherche (une maison) (une chambre dans un appartement).

2. Elle aime (l'appartement) (la voiture) de Catherine.

3. Dans la chambre de Latifa, il y a (une grande glace et une armoire haute) (deux lits).

4. Latifa peut mettre ses affaires de toilette (dans la salle de bains) (dans la chambre).

5. Elle (se lève) (ne se lève pas) tôt le matin.

Catherine

1. Catherine cherche (un appartement) (une camarade de chambre).

2. Elle (se réveille) (part pour la fac) à cinq heures et demie.

3. Elle va à la fac (en bus) (en voiture).

4. Elle trouve Latifa (sympathique) (méchante).

---

3 | Complétez chaque phrase avec le mot (*word*) convenable de la liste suivante.

créole   ouest

riches   Port-au-Prince

Christophe Colomb   Toussaint-Louverture

canne à sucre   indépendant

1. En 1492 _____ a découvert une île dans la mer des Antilles.

2. _____ a aidé les esclaves africains à obtenir leur indépendance.

3. Aujourd'hui Haïti est un pays _____.

4. Haïti est à l' _____ de l'île d'Hispaniola.

5. Les Haïtiens parlent français et _____.

6. Les Haïtiens cultivent le café, le coton et la _____.

7. _____ est la capitale d'Haïti.

8. La musique, l'art et la littérature d'Haïti sont très _____.

4 **A.** Qu'est-ce qu'on fait chez les Martin aujourd'hui? Louis décrit (*describes*) les activités de la famille dans son journal. Écrivez (*write*) la lettre de l'illustration convenable à côté de chaque phrase à (*on*) la page 74.

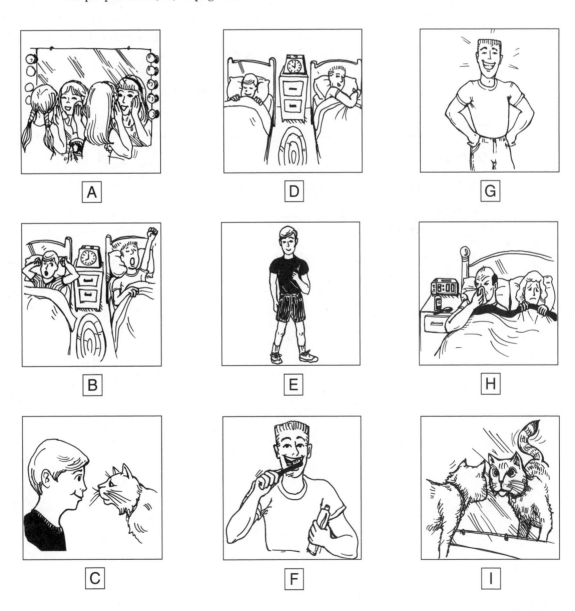

_____ 1. Guillaume et moi, nous nous réveillons à huit heures.

_____ 2. Je m'habille en jean et en tee-shirt aujourd'hui.

_____ 3. Guillaume s'habille en noir.

_____ 4. Melilot est drôle! Elle regarde toujours Guillaume.

_____ 5. Melilot se regarde aussi dans la glace.

_____ 6. Mes deux sœurs, Annie et Marie, se lavent dans la salle de bains.

_____ 7. Mes parents ont la grippe. Ils se couchent à huit heures.

_____ 8. Je me brosse les dents dans la salle de bains.

_____ 9. Guillaume et moi, nous nous couchons à dix heures.

B. Laurence pose (*asks*) des questions à son ami Louis sur ses activités. Complétez les questions de Laurence avec la forme convenable du verbe indiqué. Puis, écrivez les réponses de Louis, d'après l'Activité 4A. Faites des phrases complètes.

Laurence: Le samedi matin, à quelle heure est-ce que vous _____ (se réveiller), Guillaume et toi?

Louis: _____.

Laurence: En quoi est-ce que tu _____ (s'habiller)?

Louis: _____.

Laurence: Est-ce que tu _____ (se brosser) les dents après le petit déjeuner?

Louis: Oui, _____.

Laurence: À quelle heure est-ce que tu _____ (se coucher)?

Louis: _____.

5 | **A.** Écrivez un paragraphe sur une journée typique de votre vie quotidienne. Mentionnez quatre ou cinq activités que vous faites régulièrement. Indiquez l'ordre de ces activités par les mots **d'abord, puis** ou **enfin,** ou mentionnez l'heure où vous faites l'activité. Utilisez au moins (*at least*) dix verbes de la liste suivante.

aller	s'habiller	prendre
se brosser	se laver	se regarder
se coucher	se lever	rentrer
se déshabiller	manger	se réveiller
faire	partir	travailler

Modèle: *Le matin je me lève à six heures. D'abord, je me lave....*

_____

_____

_____

_____

_____

_____

_____

_____

_____

B. Est-ce que votre ami(e) fait les mêmes (*same*) choses que vous chaque jour? Écrivez au moins trois phrases où vous comparez vos activités habituelles.

Modèle: *Moi, je me lève à six heures et demie, mais Tom se lève à huit heures.*

_____

_____

_____

_____

_____

_____

Leçon B

6 **A.** Votre tante et votre oncle vont passer le weekend chez vous. Écrivez le nom de chaque chose que vous voyez, puis écrivez une phrase sur ce qu' (*what*) il faut faire.

Modèle:

la chambre   *Il faut ranger la chambre!*

1. _____   _____

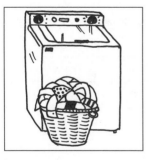

2. _____   _____

3. _____ _____

4. _____ _____

5. _____ _____

6. _____ _____

7. _____   _____

8. _____   _____

9. _____   _____

B. On n'a pas fini de nettoyer la maison. Qu'est-ce qu'on doit encore faire? Utilisez **il faut** dans des phrases complètes.

Modèle: On n'a pas passé l'aspirateur.

Il faut passer l'aspirateur. _____

1. Les plantes ont besoin d'eau.

_____

2. Il y a de la poussière sur les tables et sur le bureau.

_____

3. Il n'y a plus de place dans la poubelle.

   _____

4. On n'a pas changé les draps.

   _____

5. Il y a des vêtements sur le lit dans la chambre.

   _____

---

7 Répondez aux questions d'après le dialogue dans le livre. Faites des phrases complètes.

1. Qu'est-ce que les enfants des Perrin font chaque samedi après-midi?

   _____

2. Qu'est-ce que Mme Perrin est en train de faire?

   _____

3. Qu'est-ce que Patrick vient de faire?

   _____

4. Pourquoi est-ce qu'il ne veut pas aider sa mère?

   _____

5. Est-ce que Patrick a fini ses corvées?

   _____

6. Qu'est-ce qu'il doit encore faire?

   _____

   _____

7. Est-il content?

   _____

8. Quelles sont les corvées des sœurs de Patrick?

   _____

9. Est-ce que Patrick veut échanger sa place avec Renée et Myriam? Pourquoi ou pourquoi pas?

   _____

   _____

10. Quelle corvée est-ce qu'il préfère faire?

    _____

8 | Répondez aux questions suivantes avec des phrases complètes.

1. Dans quelle mer la Guadeloupe est-elle située?

   _____

2. Qui a colonisé la Guadeloupe au XVIIᵉ siècle?

   _____

3. Quand est-ce que la Guadeloupe est devenue un département français d'outre-mer?

   _____

   _____

4. Quelles îles forment la Guadeloupe?

   _____

   _____

5. Quelle est la capitale de la Guadeloupe?

   _____

6. Quelle est la plus grande ville de la Grande-Terre?

   _____

7. Qu'est-ce qu'on cultive à la Guadeloupe?

   _____

9 | Pour ses devoirs de français ce weekend, André doit écrire (*write*) une lettre à son professeur. Il n'est pas certain comment écrire le verbe **s'asseoir**. Complétez la lettre pour André avec les formes convenables du verbe **s'asseoir**.

Nice, le 10 octobre

Cher M. LaPointe,

   Bonjour! Aujourd'hui tout le monde est à la maison. Je _____ à table, avec mon frère. Nous _____ ici pour faire nos devoirs. Ma mère _____ dans le salon et elle regarde notre chat. J'écoute ma mère qui parle à Minou: "Minou, tu _____ ici, à côté de moi?" Mais Minou préfère toujours la chambre de ma sœur. Les deux, Minou et Françoise, _____ sur le lit. Minou dort et ma sœur lit.

   Et vous, M. LaPointe? Est-ce que vous _____ à côté de votre piscine aujourd'hui, comme vous aimez bien faire? Bon weekend!

André

10 Vous faites du baby-sitting. D'abord, vous dites (*tell*) aux enfants de faire certaines choses. Ils n'écoutent pas. Enfin, donnez des ordres.

Modèle: Grégoire, tu dois te réveiller. C'est bientôt l'heure de manger.

Grégoire, réveille-toi!

1. Grégoire et Louis, vous devez vous laver les mains.

   _____

2. Louis, tu dois te dépêcher.

   _____

3. Grégoire, tu dois t'asseoir à table.

   _____

4. Grégoire et Louis, vous ne devez pas vous lever. Vous n'avez pas fini.

   _____

5. Grégoire, tu dois te regarder dans la glace. Tu as ton déjeuner sur la figure.

   _____

6. Grégoire, tu dois te laver la figure.

   _____

7. Grégoire et Louis, vous devez tous les deux vous laver la figure.

   _____

8. Grégoire, tu dois te brosser les dents.

   _____

9. Grégoire et Louis, vous devez vous coucher tout de suite.

   _____

10. Grégoire et Louis, vous ne devez pas vous lever tôt.

    _____

11

Répondez aux questions suivantes d'après la **Mise au point sur... Haïti, la Guadeloupe et la Martinique**. Encerclez la réponse convenable.

1. Where are the West Indies?

   a. west of India

   b. in the Indian Ocean

   c. between the Caribbean Sea and the Atlantic Ocean

2. What is the first land one sees when traveling west to the Americas?

   a. Florida

   b. the Antilles

   c. the Bahamas

3. Haiti is part of what island?

   a. Guadeloupe

   b. Hispaniola

   c. Martinique

4. To what group of islands do Guadeloupe and Martinique belong?

   a. the Lesser Antilles

   b. the Greater Antilles

   c. Basse-Terre

5. What makes up the French West Indies?

   a. Hispaniola, Haiti and Martinique

   b. the Greater Antilles and the Lesser Antilles

   c. Haiti, Guadeloupe and Martinique

6. When did Europeans begin colonizing the area?

   a. during the 16th century

   b. during the 17th century

   c. during the 18th century

7. Why did Louis XV give up Canada at the end of the French and Indian Wars?

   a. It was too vast for France to govern.

   b. He valued Guadeloupe and Martinique more.

   c. He didn't want to lose the Greater Antilles.

8. When was slavery permanently abolished in the Antilles?

    a. 1848

    b. 1763

    c. 1865

9. What is called the **Île aux Belles Eaux** and why?

    a. Haiti, because of its beautiful blue skies

    b. Guadeloupe, because of the beautiful deep blue hue of its water

    c. Martinique, due to its many flowers

10. Which islands are **départements d'outre-mer** of France?

    a. Guadeloupe and Haiti

    b. Haiti and Martinique

    c. Martinique and Guadeloupe

11. What does the word "Haiti" mean?

    a. "island of flowers"

    b. "land of mountains"

    c. "island of beautiful waters"

12. Who led blacks in their revolt for freedom from France in 1804?

    a. Toussaint-Louverture

    b. Jean-Bertrand Aristide

    c. René Préval

13. What are **langouste** and **boudin**?

    a. dialects of French

    b. typical music from the islands

    c. spicy dishes

14. What two languages are spoken on these islands?

    a. French and English

    b. French and **zouk**

    c. French and creole

15. Who are two well-known contemporary writers from these islands?

    a. Charles Baudelaire and Aimé Césaire

    b. Aimé Césaire and Maryse Condé

    c. René Préval and Arawak

Leçon C

12 Complétez les mots croisés (*crossword puzzle*) avec les mots qui (*which*) manquent (*are missing*) dans les phrases suivantes.

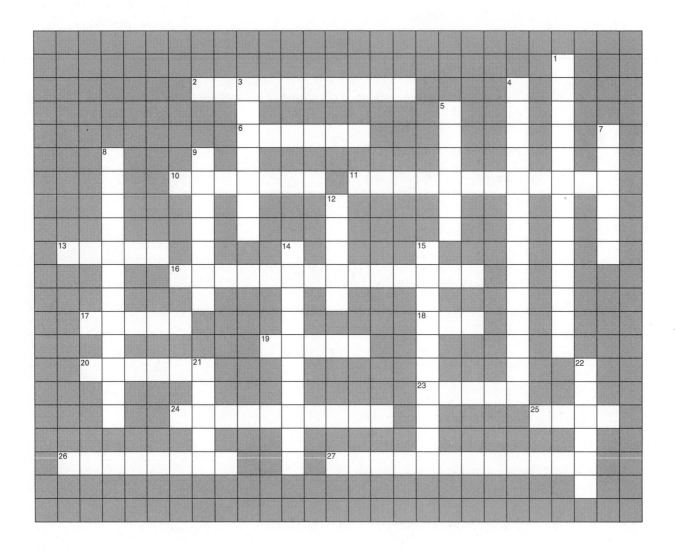

1. On se brosse les cheveux avec une ___16 H___ .

2. On se maquille avec du ___9 V___ .

3. On se rase avec un ___7 V___ .

4. Quand une dame se maquille, elle met du ___27 H___ sur les lèvres.

5. C'est avec du ___24 H___ qu'on se maquille.

6. Une ___6 H___ va avoir bientôt un mari.

7. On se lave les cheveux avec du ___2 H___ .

8. On se brosse les dents avec une ___11 H___ et du ___15 V___ .

9. Un homme qui ne se rase pas a une ___13 H___ .

10. On se lave avec du ___17 H___ et un ___4 V___ .

11. Un ___19 H___ va avoir bientôt une femme.

12. Je me réveille à cinq heures et demie. Je me lève ___18 H___ .

13. Je mets mes vêtements dans une ___3 V___ .

14. On tond la pelouse avec une ___26 H___ .

15. Pour faire la lessive, on a besoin d'une ___1 V___ .

16. Pour repasser les vêtements, on a besoin d'un ___8 V___ .

17. Sur un lit on a des ___21 V___ .

18. On s' ___20 H___ sur une chaise.

19. On se ___5 V___ les dents.

20. Quand on fait le ménage, on ___23 H___ sa chambre.

21. On ___25 H___ la poubelle.

22. On ___22 V___ les plantes.

23. On se ___14 V___ . Puis, on se couche.

24. Quand on met ses vêtements, on s' ___10 H___ .

25. On se regarde dans une ___12 V___ .

13 Répondez aux questions suivantes d'après la page de l'Internet et le dialogue dans le livre. Faites des phrases complètes.

```
1 of 1
LES FESTIVALS À LA MARTINIQUE              http:www.fwinet.com/festival.htm
```

Fêtes et Manifestations de la Martinique

La richesse et la pluralité des cultures de notre île justifient le fait qu'il se passe tou-jours quelque chose quelque part à la Martinique. Les Fêtes communales, les combats de coqs, les manifestations culturelles, sont autant d'occasions qui vous seront offertes toute l'année, à tout moment, d'apprécier la vitalité des traditions de notre île.

JANVIER
Préparation du Carnaval, élection des miss dans chaque commune.

FÉVRIER
Carnaval, du 20 au 24. Le dimanche, défilé de couples et mariages burlesques. Le lundi, bals costumés et défilés. Mardi gras, journée des diables en rouge et noir. Mercredi des cendres, défilés en noir et blanc; le soir l'effigie de Vaval est brûlée sur un bûcher.
Semaine nautique de Schœlcher.
Début de la saison des combats de coqs.
Concours de la chanson créole à Trinité.

1. Quand est-ce qu'on se prépare pour le Carnaval à la Martinique?

   _____

2. C'est quand, le Carnaval à la Martinique?

   _____

3. Comment est-ce qu'on se déguise pour les mariages burlesques?

   _____

4. Qui se maquille et porte une longue robe blanche?

   _____

5. Qui porte un costume noir et un chapeau?

   _____

6. Quels jours sont les défilés?

   _____

7. Quel jour est le bal?

   _____

8. Quel jour est-ce qu'on porte le rouge et le noir?

   _____

9. Quel jour est-ce qu'on porte le noir et le blanc?

   _____

14 | Encerclez la réponse convenable.

1. La montagne Pelée, qu'est-ce que c'est?

    a. une île   b. un volcan   c. une éruption

2. Combien de personnes ont perdu la vie dans l'éruption de la montagne Pelée?

    a. une personne   b. 30 personnes   c. 30.000 personnes

3. Quand est-ce que la Martinique est devenue un département d'outre-mer?

    a. en 1502   b. en 1902   c. en 1946

4. Qu'est-ce qu'on ne cultive pas à la Martinique?

    a. le volcan   b. la canne à sucre   c. les fruits tropicaux

5. Quel est le nom d'une musique rythmique des Antilles?

    a. le jazz   b. le zouk   c. le burlesque

6. Quel est un autre nom pour la Martinique?

    a. Île aux Fleurs   b. Île aux Belles Eaux   c. Île aux Montagnes

15 | **A.** Le mariage de Simone Clément et de Jean-Paul Barthès était (*was*) le weekend passé. Le marié, la mariée et des membres de leurs familles ont fait des notes sur leurs activités. Écrivez les activités suivantes, en ordre logique, sous le nom de la personne convenable à la page 88.

Je me suis lavée.

Nous nous sommes habillées de nouveaux vêtements.

Je me suis dépêché pour arriver à l'heure à l'église.

Je me suis habillée d'une belle robe.

Je me suis réveillé très tôt.

Nous nous sommes levées à huit heures.

Je me suis rasé.

Nous ne nous sommes pas dépêchés.

Nous ne nous sommes pas couchées tôt.

Je me suis maquillée.

Nous nous sommes assis près des parents de Jean-Paul.

Je me suis peignée.

Modèle: Simone Clément, la mariée:

Elle s'est lavée.

_____

_____

_____

Jean-Paul Barthès, le marié:

_____

_____

_____

M. et Mme Clément, les parents de Simone:

_____

_____

_____

Nicolette et Ondine Barthès, les petites sœurs de Jean-Paul:

_____

_____

_____

B. Imaginez que vous avez assisté (*attended*) au mariage de Simone et de Jean-Paul. Répondez aux questions sur vos activités. Faites des phrases complètes.

1. À quelle heure est-ce que vous vous êtes réveillé(e)?

    _____

2. En quoi vous êtes-vous habillé(e)?

    _____

3. Est-ce que vous vous êtes dépêché(e) pour arriver à l'heure à l'église?

    _____

4. Vous vous êtes assis(e) à côté de qui?

    _____

5. Vous êtes allé(e) au bal du mariage?

    _____

6. Avez-vous dansé?

_____

7. Qu'est-ce que vous avez mangé?

_____

8. Avec qui est-ce que vous avez parlé?

_____

_____

9. À quelle heure est-ce que vous êtes rentré(e)?

_____

10. À quelle heure vous êtes-vous couché(e)?

_____

16 A. Using information found in the graphs about French attitudes on housing, answer the questions that follow on page 90.

Aujourd'hui, êtes-vous content de votre maison ou appartement?

Contents	85 %
Pas contents	10 %
Pas sûrs	5 %

Qu'est-ce que vous voulez ajouter à votre maison ou appartement?

Un jardin	20 %
Une chambre de plus	15 %
Un bureau-bibliothèque	10 %
Une vraie cuisine où on peut prendre des repas	10 %
Une (deuxième) salle de bains	5 %
Une salle de jeux	5 %
Une salle pour la télé	5 %

Qu'est-ce que vous n'aimez pas dans votre maison ou appartement?

C'est trop petit.	20 %
C'est trop cher.	15 %
Ce n'est pas assez moderne.	15 %
Il n'y a pas de jardin.	15 %
Il n'y a pas assez de lumière.	10 %
C'est trop loin de la ville.	5 %

Quelles ont été les choses les plus importantes quand vous avez choisi votre maison ou appartement?

Le quartier	40 %
Le prix	25 %
La lumière, le soleil	25 %
Le calme	20 %
Beaucoup de place	20 %
Être près des écoles	15 %

Où est-ce que vous voulez vivre?

Dans une maison à la campagne avec un jardin	75 %
Dans un appartement neuf en ville	20 %
Dans un vieil appartement en ville	15 %
Dans un château	15 %

1. What percentage of the French people surveyed are generally satisfied with their present housing situation? Do you think this is a low or high percentage?

_____

_____

2. What are the three most important factors for people who are looking for a house or an apartment?

_____

_____

3. What do people complain about most frequently in their current house or apartment? What do they complain about least frequently?

_____

_____

_____

4. What two features would most people add to their current house or apartment?

_____

_____

5. Where would most people choose to live?

_____

_____

B. Now take this survey yourself. Put a check next to your answer for each question in the survey. Then write a paragraph on the differences between your answers and those of the majority of French people.

_____

_____

_____

_____

_____

_____

_____

_____

_____

Unité 5   *Sports et Loisirs*

Leçon A

1 Regardez le plan de la Vallée Bleue, entre Grenoble et Lyon, et répondez aux questions.

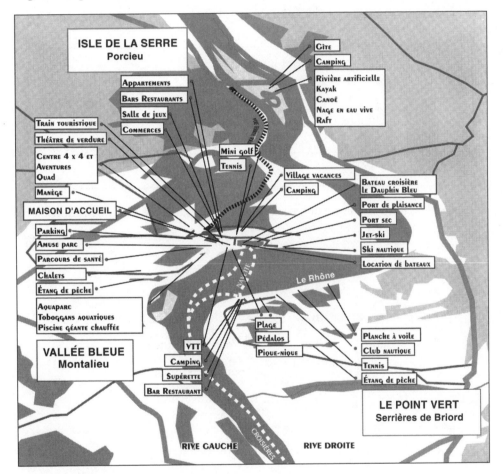

Modèles: Est-ce qu'on peut nager ici?

Oui, on peut nager ici.

Est-ce qu'on peut faire de la gym ici?

Non, on ne peut pas faire de la gym ici.

1. Est-ce qu'on peut faire de la planche à voile ici?

_____

2. Est-ce qu'on peut faire de la voile ici?

_____

3. Est-ce qu'on peut faire du canoë ici?

   _____

4. Est-ce qu'on peut faire du ski nautique ici?

   _____

5. Est-ce qu'on peut faire de la musculation ici?

   _____

6. Est-ce qu'on peut faire du karaté ici?

   _____

7. Est-ce qu'on peut jouer au tennis ici?

   _____

8. Est-ce qu'on peut faire de la plongée sous-marine ici?

   _____

2 Choisissez l'expression à droite qui exprime (*expresses*) la même idée que l'expression à gauche et écrivez sa lettre dans le blanc (*blank*).

_____ 1. offrir		a. mes parents
_____ 2. une raquette de tennis		b. Tu fais du sport.
_____ 3. son nouveau copain		c. Passe une bonne fête d'anniversaire!
_____ 4. formidable		d. Vous m'offrez trop.
_____ 5. la planche à voile		e. samedi et dimanche
_____ 6. libre		f. son nouvel ami
_____ 7. été		g. OK
_____ 8. papa et maman		h. On a besoin de ça pour jouer au tennis.
_____ 9. Je vous remercie tous!		i. pendant les mois de juin, juillet et août
_____ 10. Je ne joue pas très bien.		j. un sport qu'on fait sur l'eau
_____ 11. Vous me gâtez.		k. super
_____ 12. ce weekend		l. Merci à tout le monde!
_____ 13. Bon anniversaire!		m. Je joue mal.
_____ 14. D'accord.		n. pas occupé
_____ 15. Tu es sportif.		o. donner

3 | First skim the **Enquête culturelle** to find the main topic of the reading. Next look at the questions that follow. Then rapidly scan the reading looking only for the specific information required to answer these questions. You may respond in English.

1. What are two individual sports that are popular in France?

   _____

   _____

   _____

2. In what century did the French begin to play tennis?

   _____

   _____

   _____

3. Considering the original name for "tennis" in French, what part of the body did the players use to get the ball over the net?

   _____

   _____

   _____

4. What is the name of the major tennis tournament that is played in France?

   _____

   _____

   _____

5. In what month is this tournament played?

   _____

   _____

   _____

6. In what city is the Roland-Garros Stadium located?

   _____

   _____

   _____

C'EST À TOI!
Level Two

4 Dites ce que chaque personne offre aux nouveaux mariés (*newlyweds*). Écrivez des phrases complètes. Le numéro (*number*) du cadeau correspond au numéro de la phrase. On a fait la première phrase pour vous.

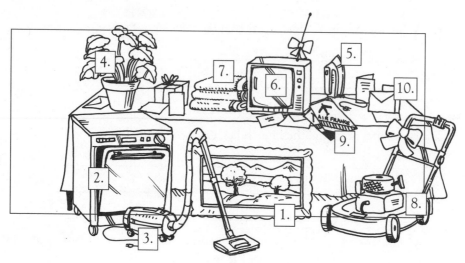

1. Nous

   Nous offrons un tableau aux nouveaux mariés.

2. Les parents du marié

   _____

3. La grand-mère de la mariée

   _____

4. J'

   _____

5. Vous

   _____

6. Le frère de la mariée

   _____

7. Tu

   _____

8. Le grand-père du marié

   _____

9. Les parents de la mariée

   _____

   _____

10. Tout le monde

   _____

5 | Il est maintenant 14h20 et les personnes suivantes viennent d'arriver à la gare. Écrivez qui court et qui ne court pas. Si leur train part dans dix minutes ou moins, ils courent.

DÉPARTS			
Heure	**Villes Desservies**	**Voie**	**Notes**
14.05	**DIJON**	8	40 minutes en retard
14.21	**GENÈVE**	10	À l'heure
14.23	**CHAMONIX, ST. GERVAIS**	6	30 minutes en retard
14.25	**BOURG ST. MAURICE, CHAMBÉRY**	4	À l'heure
14.28	**NANTES, CLERMONT**	3	15 minutes en retard
14.30	**AVIGNON**	7	À l'heure
14.30	**VALENCE, GRENOBLE**	5	À l'heure
14.35	**AIX-LES-BAINS, ANNECY**	2	À l'heure

Modèles: Nicole va à Bourg St. Maurice.
Elle court.

Je vais à Annecy.
Je ne cours pas.

1. Laure va à Genève.

   _____

2. Sylvain va à Dijon.

   _____

3. Stéphane et Raoul vont à Avignon.

   _____

4. Yvette et Chloé vont à St. Gervais.

   _____

5. Nous allons à Annecy.

   _____

6. Tu vas à Nantes.

   _____

7. Jean-Claude et Jacques vont à Chamonix.

   _____

8. Jasmine va à Chambéry.

   _____

9. Vous allez à Grenoble.

   _____

C'EST À TOI!
Level Two

6 Vous lisez une bande dessinée basée (*based*) sur des feuilletons (*soap operas*). Complétez les phrases avec **me (m')**, **te (t')**, **nous** ou **vous**.

Roxanne, tu es libre cet après-midi? Je _____ invite à aller au cinéma. Il y a un bon film au Lido.

1.

Euh... je suis obligé d'inviter mon petit frère Louis aussi. Il _____ attend, toi et moi, devant le cinéma. Après le film, il veut _____ inviter à prendre un coca au café.

3.

Ça va être formidable! Louis adore Roxanne!

Marc _____ invite au cinéma! C'est moi qu'il préfère! Peut-être qu'il _____ aime!

Oui, je voudrais bien.

2.

D'accord, Marc. Je vais _____ aider avec ton petit frère.

4.

Je vais être gentille. Vous allez voir. Je vais _____ gâter et après le film et le coca, je vais _____ remercier. Mais je ne suis pas contente! Je veux sortir seulement avec Marc!

Leçon B

7 **A.** Aujourd'hui il pleut à Paris. Vous décidez de passer la journée à l'hôtel et de regarder la télé. Étudiez l'horaire des programmes sur TV5, puis répondez aux questions suivantes avec des phrases complètes.

6.00 TV5 Minutes
6.05 Y'a pas match R du 25/1
6.30 Horizons francophones ✎
7.00 Espace francophone ✎
7.30 Découverte ✎
8.00 TV5 Minutes

8.05 Journal télévisé canadien (SRC)
Suivi de la météo internationale.
8.35 Bus et compagnie ①
Émissions pour les enfants.
9.30 Planète Musique ♪
Spécial Janacek.
10.00 Mouvements ♪
10.30 TV5 Minutes
10.35 Bouillon de Culture
Magazine des arts et des lettres présenté par Bernard Pivot.
11.45 30 Millions d'amis
Magazine animalier de TF1.
12.15 Correspondances
Magazine des téléspectateurs de TV5 proposé par Geneviève Gouyou-Beauchamps et animé par Anne Brucy.

12.33 Journal télévisé de France 3
Suivi de la météo des 5 Continents.

13.30 MÉDECINS DE NUIT ⊞ STF R du 24/1
Série TV avec Catherine Allégret, Georges Beller, Brigitte Rouan, etc.
Les aventures d'une équipe de médecins d'urgence en plein cœur de Paris.

14.30 Thalassa R du 20/1

15.30 OUTREMERS
Magazine de RFO, la télévision française d'outre-mer.
"Le Roi de Wallis"
Reportage réalisé par Luc Laventure.
Bien que partie intégrante de la République française, l'île de Wallis, en plein océan Pacifique, a pourtant son roi, descendant de nobles guerriers.

16.00 Journal TV5
16.15 Faut pas rêver R du 22/1
17.15 L'École des Fans ① ♪
18.00 Génération Sensations ①
18.15 Correspondances R
18.25 Grand Jeu TV5 : Les inventions

18.30 Journal TV5
Suivi de la météo internationale.
19.00 Les Carnets du Bourlingueur
Magazine de l'aventure, proposé par la RTBF.
19.25 Météo des 5 Continents

19.30 Journal télévisé belge (RTBF)
20.00 7 sur 7
Le rendez-vous politique de TF1 proposé par Anne Sinclair.
21.00 Temps Présent
Magazine d'actualités de la TSR.
21.55 Météo des 5 Continents

22.00 Journal télévisé de France 2
Suivi de la météo internationale.
22.30 Grand Jeu TV5 : Les inventions

22.35 CINÉMA BENVENUTA ⊞ STF R du 23/1
Film d'André Delvaux (1983) d'après le roman de Suzanne Lilar "La confession anonyme". Avec Fanny Ardant, Françoise Fabian, Vittorio Gassman, Mathieu Carrière, etc. (105').

---

1. À quelle heure pouvez-vous voir le bulletin météo?

_____

_____

2. À quelle heure pouvez-vous voir des émissions de musique?

_____

3. À quelle heure est-ce qu'il y a un film aujourd'hui? Il s'appelle comment?

_____

4. Est-ce qu'il y a des jeux télévisés? À quelle heure?

_____

5. Qu'est-ce qu'il y a pour les enfants? À quelle heure?

_____

6. Quelles sont deux émissions que vous choisissez de regarder? À quelle heure est-ce que vous pouvez voir ces émissions?

_____

_____

B. Quels genres (*types*) de programmes les membres de votre famille préfèrent-ils regarder à la télé? Qu'est-ce qu'ils ne regardent jamais? Choisissez vos réponses de la liste suivante. Si vous voulez, vous pouvez parler des préférences de cinq de vos ami(e)s.

les films d'amour	les drames	les émissions de musique
les films d'aventures	les comédies	les jeux télévisés
les films de science-fiction	les dessins animés	les matchs
les films d'épouvante	les feuilletons	les informations
les films policiers	les documentaires	les bulletins météo

Modèle: Ma tante *aime regarder les films de science-fiction.*
Elle ne regarde jamais les matchs.

1. Mon père _____

_____.

2. Mon frère _____

_____.

3. Ma sœur _____

_____.

4. Ma mère _____

_____.

5. Ma grand-mère et mon grand-père _____

_____.

6. Moi, j'_____

_____.

C. Quels programmes est-ce qu'on a regardés à la télé chez vous hier soir? Complétez les phrases pour dire (*say*) qui dans votre famille a regardé la télé à chaque heure et le genre de programme qu'on a regardé.

Modèle: À 18h30   *À 18h30 mes parents ont regardé un jeu télévisé.*

1. À 19h00 _____

2. À 20h00 _____

3. À 21h00 _____

4. À 22h00 _____

8 | Récrivez (*rewrite*) le dialogue à la page 196 de votre livre, mais imaginez que c'est votre ami(e) et vous qui parlez.

Votre ami(e):   Je vais allumer la télé. Tu veux regarder _____?

Vous: Non, je ne les aime pas. Je préfère _____

                 et _____.

Votre ami(e):   J'ai une idée. Il y a un nouveau film au Cinéplex. On peut aller le voir.

Vous: Est-ce que c'est _____?

                 J'aime tous les films sauf _____.

Votre ami(e):   Non, c'est _____. Tu vas l'aimer.

Vous: D'accord! On y va!

9 | Répondez par **vrai** (*true*) ou **faux** (*false*) d'après l'**Enquête culturelle**.

_____ 1. Amiens est au sud de Paris.

_____ 2. Notre-Dame d'Amiens est la plus grande cathédrale de France.

_____ 3. Les Hortillonnages sont les jardins de légumes, de fruits et de fleurs qu'on peut voir près de la Somme.

_____ 4. Jules Verne est un magasin chic du quartier Saint-Leu à Amiens.

_____ 5. Le cinéma n'est plus très populaire en France.

_____ 6. Les ados en France ne regardent pas souvent la télé.

_____ 7. Il y a approximativement 30 chaînes principales en France.

_____ 8. Il n'y a pas d'émissions américaines en France.

10 Écrivez des phrases qui montrent que votre grand-mère et votre grand-père ont des goûts (*tastes*) différents quand ils regardent la télé. Utilisez **le**, **la**, **l'** ou **les** dans vos phrases.

Modèle: Mon grand-père aime le film de science fiction *La conquête de la planète des singes*.
Ma grand-mère ne l'aime pas.

1. Mon grand-père aime les films policiers.

   _____

2. Mon grand-père n'aime pas les feuilletons.

   _____

3. Mon grand-père ne regarde pas l'émission de musique ce soir.

   _____

4. Mon grand-père regarde toujours le dessin animé "Chilly Willy".

   _____

5. Mon grand-père regarde le bulletin météo chaque soir.

   _____

6. Mon grand-père n'aime pas la comédie "Marié, deux enfants".

   _____

7. Mon grand-père ne regarde pas la télé chaque matin.

   _____

8. Mon grand-père regarde toujours les informations de 20h00.

   _____

9. Mon grand-père regarde souvent le jeu télévisé "La roue de la fortune".

   _____

10. Mon grand-père regarde toujours les matchs de foot télévisés.

    _____

11 Ce sont les Jeux olympiques! Complétez la grille (*grid*) à la page 102 avec le nom du sport qu'on doit filmer aux heures et aux endroits (*locations*) indiqués. Suivez (*follow*) le modèle.

17.00

17.00 **ÉQUITATION**
18.30 *Concours complet*
Saut indiv. (open)

17.00 **WATER-POLO**
18.00 *(M) Classement*

17.00 **NATATION**
17.45 *50 m nage libre (D)*
Relais 4 x 100 m 4 nages
(M) Éliminatoires

17.20 **CYCLISME**
18.10 *Sur piste - Sprint (D) 1/4*
Sprint (M) 1/8

17.20 **TENNIS DE TABLE**
20.00 *Simples (D)*
Éliminatoires A-P

17.30 **SOFTBALL**
19.00 *Éliminatoires*

17.40 **CANOË-KAYAK**
19.10 *Slalom - Canoë simple*
(C1) (M) Entraînement

17.45 **HANDBALL**
19.00 *(D) Éliminatoires*

18.00

18.00 **BASKET-BALL**
19.30 *(M) Éliminatoires*

18.00 **TENNIS**
00.00 *Doubles (D) (M) 1er Tour*

18.10 **CYCLISME**
18.55 *Sur piste - Sprint (M) 1/4,*
repêchage Sprint (D)
1/4 (manche décisive)

18.30 **VOLLEY-BALL**
20.30 *(D) Éliminatoires*

18.40 **WATER-POLO**
19.40 *(M) Classement*

19.00

19.00 **CYCLISME**
20.25 *Sur piste - Poursuite équi-*
pes (M) Poursuite indiv. (D)
1/4 Sprint (D) 1/2

19.00 **VOILE**
20.40 *Mistral (open)* **Course 7**
Soling (M) Tornado (D)
Courses 5
Slalom canoë double (C2)
(M) **Entraînement**

19.20 **CANOË-KAYAK**
20.05 *Slalom - Canoë double*
(C2) (M) **Entraînement**

19.30 **BOXE**
21.55 *Diverses catégories*
Série 2

20.00

20.00 **BADMINTON**
22.00 *Simples (M) 1/8*

20.15 **CANOË-KAYAK**
22.30 *Slalom kayak simple*
(K1) (M) **Entraînement**

20.30 **BEACH-VOLLEY**
22.30 *(M) Éliminatoires*
Par équipes (D) 1/2

20.30 **CYCLISME**
20.55 *Sur piste - Sprint (D) 1/2*
Finale 5-8, 1/2
(manche décisive)

20.30 **HANDBALL**
21.45 *(D) Éliminatoires*

20.30 **VOILE**
21.40 *Mistral (M) (open)*
Courses 8

21.00

21.00 **BADMINTON**
23.00 *Simples (D) 1/16*

21.00 **BASKET-BALL**
22.30 *(M) Éliminatoires*

21.00 **PLONGEON**
23.30 *Haut vol (D)*
Éliminatoires

21.00 **JUDO**
22.05 *Super-légers (D) (M)*
Finales
Médailles bronze et or

21.00 **VOILE**
22.40 *Soling (open) Tornado (D)*
Courses 6

21.00 **WATER-POLO**
22.00 *(M) 1/4*

22.00

22.00 **VOLLEY-BALL**
00.00 *(M) Éliminatoires*

22.15 **BEACH-VOLLEY**
23.45 *(M) Éliminatoires*

22.15 **GYMNASTIQUE**
ARTISTIQUE
00.45 *Concours général*
en indiv. (M) **Finales**

22.15 **HANDBALL**
00.45 *(D) Éliminatoires*

Times ＼ Location	Gymnasium	Swimming Pool	River, Lake or Ocean	Other Outdoor Locations
Modèle: 5:00 – 6:00 P.M.	*table tennis, handball*	*water polo, swimming*	*canoeing, kayaking*	*equestrian events, cycling, softball*
6:00 – 7:00 P.M.				
7:00 – 8:00 P.M.				
8:00 – 9:00 P.M.				
9:00 – 10:00 P.M.				
10:00 – 11:00 P.M.				

12 Complétez les mots croisés. Les expressions viennent du vocabulaire de cette unité et se réfèrent aux sports et aux loisirs.

1. Nadia Comaneci, Mary Lou Retton et Kerri Strug font de la ___*8 H*___ .

2. Shannon Miller fait aussi de la ___*8 V*___ .

3. Si vous voulez être fort, vous devez faire de la ___*13 V*___ .

4. Le ___*14 V*___ vient du Japon. Ce sport a un nom japonais.

5. Quand on fait de l' ___*12 V*___ , on danse aussi.

6. Pour aller vite à pied, il ne faut pas marcher. Il faut ___1 V___ .

7. Quand on fait de la ___15 H___ , on peut regarder les poissons dans les yeux.

8. Il faut un lac et du vent pour faire de la ___7 H___ .

9. Il faut un lac et du vent pour faire de la ___5 H___ aussi.

10. On skie mais pas à la montagne quand on fait du ___6 H___ .

11. On fait du ___4 H___ sur un lac ou à une rivière.

12. On peut voir les ___19 V___ au cinéma.

13. On fait de l' ___9 H___ à la montagne.

14. Il pleut. Nous restons à la maison et nous jouons aux ___21 H___ .

15. On joue de la musique avec la ___3 V___ . Elle est longue et noire.

16. Quand on joue du jazz, il y a souvent quelqu'un qui joue de la ___11 V___ . Elle est longue, mince et grise.

17. Bill Clinton et Kenny G jouent du ___16 V___ .

18. Billy Joel joue du ___18 V___ .

19. Ringo Starr est le Beatle qui a joué de la ___17 H___ .

20. Quand on fait du ___2 V___ , on ne dort pas dans une maison ou dans un hôtel.

21. Les ados aiment aller au ___10 V___ pour écouter leurs musiciens favoris.

22. Venez au ___22 H___ pour voir les nouveaux films!

23. Quel temps est-ce qu'il va faire demain? Allumons la ___20 H___ .

13   Répondez par **vrai** ou **faux** d'après la conversation entre Delphine, Jean-Christophe et Élisabeth. Si la phrase est fausse (*false*), écrivez une phrase correcte.

Modèle: Delphine est allée à la montagne avec ses amis.
Faux. Elle est allée à la montagne avec ses parents.

1.   Delphine a fait du camping et de l'escalade à la montagne.

   _____

2.   Jean-Christophe est sorti avec sa sœur, son beau-frère et leurs enfants.

   _____

3.   Jean-Christophe et les enfants ont regardé la télé et ont joué aux jeux vidéo.

   _____

4.   Élisabeth a assisté à un bon concert de rock.

   _____

5.   Élisabeth pense que deux musiciens ont bien joué.

   _____

6.   Delphine est contente de recommencer l'école.

   _____

14   Choisissez l'expression à droite qui correspond à sa définition à gauche.

_____ 1.   Ce sont deux pays où les B.D. sont très populaires.

_____ 2.   Là, les ados peuvent danser, regarder un film ou faire de la gym.

_____ 3.   C'est la cinquième ville de France.

_____ 4.   Ce sport est pour les personnes qui aiment le risque.

_____ 5.   On danse et on écoute de la musique traditionnelle et contemporaine pendant cette fête en juin.

_____ 6.   C'est un fleuve au sud-ouest de la France.

_____ 7.   C'est une B.D. française.

a.   la Maison des Jeunes et de la Culture

b.   la Garonne

c.   la Fête de la musique

d.   la France et la Belgique

e.   Bordeaux

f.   *Astérix*

g.   l'escalade

15 Votre frère Mathieu n'est pas venu à la fête d'anniversaire de votre sœur parce qu'il est parti pour l'université le weekend dernier. Il téléphone après. Répondez à ses questions. Utilisez les noms entre parenthèses et **me, te, nous, le, la** ou **les**.

Modèle: Qui a acheté les assiettes? (Emmanuel)

Emmanuel les a achetées.

1. Qui a choisi le film? (Magali)

   _____

2. Qui a choisi les chapeaux de fête? (Delphine et Vivianne)

   _____

3. Qui a invité Solange et Angélique? (Nadine)

   _____

4. Qui a acheté le coca? (Jamila)

   _____

5. Qui a fait les crêpes? (Martine)

   _____

6. Qui a fait le gâteau? (Nadia et moi)

   _____

7. Qui a acheté la pizza? (Olivier)

   _____

8. Qui a aidé maman? (grand-mère et moi)

   _____

9. Qui t'a aidé(e)? (Joseph)

   _____

10. Qui m'a cherché? (Richard)

    _____

11. Qui nous a vus à la gare? (Pierre et Djamel)

    _____

12. Qui a gardé les enfants de Paul et Agnès? (la sœur de Paul)

    _____

13. Qui a pris les photos? (Charles)

    _____

16 **A.** Skim the article on the sports center in Tignes, near Albertville in the French Alps. Then, on page 108, match the words that you already know in the right-hand column with new words in the left-hand column that come from the same word families.

Tignes

Dans la vallée de la Tarentaise à 2100 mètres, Tignes est située aux portes du Parc National de la Vanoise.

Site et équipement

Le funiculaire ultra moderne situé à proximité du centre vous propulsera en moins de 6 minutes à 3000 mètres sur le glacier de la Grande Motte. Vous y trouverez un réseau de remontées mécaniques (téléphérique, téléskis, télésièges) qui vous permettront de profiter au mieux d'un des plus vastes domaines skiables d'été.
Plus bas la station vous propose des activités à foison, son lac, ses grands espaces verts, son soleil...

Le centre

Nous vous proposons un hébergement de qualité en chambres de 4 dans nos deux chalets de style, articulés autour du centre de vie : restaurant, bar, cheminée, terrasse ensoleillée.

Matériel

Skis : Rossignol, Dynamic, Dynastar, Salomon.
Chaussures : Salomon, Rossignol, Nordica.
Surfs : exclusivité Rossignol.
Chaussures de surf : exclusivité Rossignol.

Après le sport

Après le ski le matin et les activités sportives de l'après-midi, une ambiance chaleureuse vous attend en soirée; acteur ou spectateur, faites votre choix.
Sur le centre : emmenés par une équipe dynamique, vous participerez à des soirées dansantes, grand jeu, casino, spectacle; vous vous initierez au jonglage et si vous préférez le calme : BD, jeux de cartes ou de société vous attendent tous les soirs ainsi qu'une salle TV câblée.
Sur la station : le cœur du village du Val Claret est à 3 minutes du centre.
Vous y trouverez tous commerces : restaurants, pubs, pizzerias, crêperies, night clubs et salle de jeux. Avec des navettes gratuites, vous pouvez vous rendre au bowling, cinéma ou au centre de remise en forme : sauna, ham-mam ou jaccuzi...

Surf des neiges

314 SU   ★★

Avec Rossignol Snowboard.
Tous niveaux. Vous surfez le matin jusqu'à 13h00, encadré par nos moniteurs spécialistes dans un esprit de "technique alpine". Les après-midi : loisirs dans les mêmes conditions que le stage Ski d'Été ou détente.
Stages promotionnels du 18/06 au 08/07 : dans une ambiance d'altitude "printanière", les puristes de l'activité Surf trouveront un programme d'oxygénation adapté.

Ski d'Été

314 SE   ★★ à ★★★★

Tous niveaux. Vous skiez le matin, jusqu'aux environs de 13h00, encadré par nos moniteurs spécialistes.
Les après-midi : loisir ou détente.
Notre carte : tir à l'arc, tir à la carabine, badminton, volleyball, baseball, balades, parcours de blocs, cerfs volants, animation tennis.
Toutes ces activités sont gratuites et encadrées par nos moniteurs.
Activités avec supplément sur place : location de VTT, location de court de tennis. À partir du 09/07 baptême de raft ou de nage en eaux vives (38,11€), baptême de parapente (45,73€).
Vous trouverez également : golf 18 trous, practice et putting green, planche à voile, catamaran, pédalo et kayak sur le lac.
Stages promotionnels du 18/06 au 08/07 : dans une ambiance d'altitude "printanière", les puristes de l'activité ski trouveront un programme d'oxygénation adapté.

Ski d'Été
Cocktail Eaux Vives

314 BSR   ★★★

Tous niveaux. Le must de nos stages. Vous avez la forme, vous savez nager, alors vous pouvez participer à un stage audacieux.
Vous partagez l'activité ski le matin jusqu'à 13h00 avec notre stage Ski d'Été encadré par nos moniteurs spécialistes.
L'après-midi sur le site de renommée internationale de l'Isère, les émotions fortes sont assurées avec notre cocktail d'eaux vives : une séance rafting, une séance nage en eaux vives, une séance canoë-raft soit 3 séances au total.
Si vous êtes super-actif durant 2 après-midi dans la semaine, vous pourrez profiter aussi des activités proposées sur le centre.

Tarifs : voir p. 211

Accès

Gare SNCF : Bourg-Saint-Maurice.

_____	1. remontées	a.	mettre
_____	2. skiables	b.	soir
_____	3. ensoleillée	c.	pizza
_____	4. chaleureuse	d.	nager
_____	5. soirée	e.	national
_____	6. dansantes	f.	skier
_____	7. pizzerias	g.	printemps
_____	8. crêperies	h.	pied
_____	9. remise	i.	monter
_____	10. printanière	j.	nom
_____	11. nage	k.	danser
_____	12. vives	l.	crêpes
_____	13. pédalo	m.	chaud
_____	14. renommée	n.	soleil
_____	15. internationale	o.	vie

B. Now read the article on the sports center in Tignes more closely. Using what you've learned about recognizing word families, answer the following questions.

1. How much time does it take to go up 3,000 meters from the sports center to the top of the Grande Motte glacier?

   _____

   _____

2. What is one of the "mechanical" ways to go up to the summer ski slopes?

   _____

3. What kind of weather can you expect to find on the terrace?

   _____

4. What are three things you can do in the evenings?

   _____

5. What are two facilities available at the center for "putting yourself back" in shape?

   _____

6. What part of your body do you use to operate a **pédalo**?

   _____

Unité 6 *Les pays du Maghreb*

1 **A.** Encerclez le mot ou l'expression qui (*that*) ne doit pas être dans chacune (*each*) des catégories suivantes.

1. une adresse, une enveloppe, un timbre, des bijoux, une feuille de papier

2. une boîte aux lettres, un facteur, une factrice, une postière, un postier

3. un télégramme, un aérogramme, un guichet automatique, une lettre, un colis

4. faxer une lettre, un collier, envoyer une carte postale, peser un colis

5. un bracelet en argent, le courrier, des boucles d'oreilles, une montre

B. Écrivez un paragraphe où vous décrivez (*describe*) les bijoux de Haïda, une jeune femme algérienne.

Modèle: *Haïda porte une petite montre.*

_____

_____

_____

_____

2 Thierry voit Miloud dans la rue. Pour indiquer l'ordre chronologique de leur conversation, écrivez "1" à côté de la première phrase, "2" à côté de la deuxième phrase, etc. On a déjà fait les deux premières phrases pour vous.

Thierry	Miloud
_____ Voilà la poste. Nous allons voir combien les jeans de tes frères vont coûter!	_____ Oui, mais j'envoie aussi des cadeaux à mes petits frères. C'est une surprise! Ils vont être très contents d'avoir de beaux jeans.
__1__ Salut, Miloud! Où vas-tu avec ce grand colis?	_____ Je vais l'envoyer à ma sœur.
_____ Ah, bon? Moi aussi. J'ai besoin de timbres. Mais quel grand colis!	_____ On va voir. C'est le postier qui pèse les colis.
_____ Qu'est-ce que c'est?	__2__ Salut, Thierry! Je vais à la poste.
_____ Ah, d'accord, tu as acheté des vêtements. Est-ce que c'est cher d'envoyer un très grand colis?	_____ C'est un cadeau pour son anniversaire... de belles boucles d'oreilles et un bracelet.
_____ Mais c'est un grand colis pour envoyer seulement quelques petits bijoux.	

3 Lisez l'**Enquête culturelle** dans votre livre, puis répondez aux questions suivantes.

1. Strasbourg est la capitale de quelle région de France?

   _____

   _____

2. Quand est-ce qu'on a fini la grande cathédrale gothique de Strasbourg?

   _____

   _____

3. Sur quoi est-ce qu'on trouve une influence allemande à Strasbourg?

   _____

   _____

4. Quelle ville est la capitale de l'Algérie?

_____

_____

5. Quels sont les trois pays du Maghreb?

_____

_____

6. Le grand désert d'Algérie s'appelle comment?

_____

_____

7. Qu'est-ce qu'on peut acheter à la poste?

_____

_____

8. De quelle couleur sont les boîtes aux lettres en France?

_____

_____

4 Vous êtes à un match de foot et il y a beaucoup de bruit. Vous ne pouvez pas entendre ce que vos amis disent. Complétez les phrases avec la forme convenable du verbe **dire**.

— Qu'est-ce que Jamila et Karina _____ à Jean?

— Jamila _____ que Claire ne sort plus avec Marcel. Et Karina _____ que Marcel sort maintenant avec Myriam.

— Comment? Il y a trop de bruit! Qu'est-ce que tu _____?

— Je _____ que Jamila et Karina _____ que Marcel et Claire ne sortent plus.

— Vraiment?

— Oui, c'est vrai! Tiens! Jamila et Karina! Vous venez de parler à Jean de Claire et Marcel. _____-le à Dominique.

— Marcel et Claire ne sortent plus!

— Comment? Vous pensez vraiment?

— Nous les avons vus à l'école hier.

— Ensemble? Alors, qu'est-ce que vous _____?

— Nous _____ qu'ils sont amis, mais qu'ils ne sortent plus.

5 Dites ce qu'on ouvre d'après les illustrations suivantes. Faites des phrases complètes.

Modèle:

Mme Desrosiers

Mme Desrosiers ouvre la boîte.

1. Brigitte

2. M. Bertin

3. Les garçons

4. Tu

5. Zohra et Zakia

_____

6. Vous

_____

7. J'

_____

8. Isabelle

_____

9. Nous

_____

10. L'enfant

_____

6 Utilisez **qui** ou **que** pour combiner les deux phrases en une phrase.

   Modèles: L'aérogramme est sur le bureau. L'aérogramme est pour Mireille.

L'aérogramme qui est sur le bureau est pour Mireille.

           La lettre est longue. Sébastien a envoyé la lettre.

La lettre que Sébastien a envoyée est longue.

1. La montre coûte trois cents euros. Je veux acheter la montre.

   _____

   _____

2. La postière faxe mes lettres. La postière est très sympa.

   _____

3. Le collier est très joli. Suzanne porte le collier.

   _____

4. Les boucles d'oreilles sont en argent. Ma tante a acheté les boucles d'oreilles.

   _____

   _____

5. Les timbres sont sur l'enveloppe. Les timbres sont vraiment beaux.

   _____

   _____

6. Le colis pèse cinq kilos. J'envoie le colis à mon cousin.

   _____

7. La banque est dans la rue Voisembert. La banque ouvre à 9h00.

   _____

   _____

8. Les boîtes aux lettres sont jaunes. On voit les boîtes aux lettres en France.

   _____

   _____

9. La lettre vient d'arriver. Vous avez attendu la lettre.

   _____

10. Le postier a pesé ton colis. Le postier habite dans l'immeuble de mon grand-père.

    _____

    _____

7 | Trouvez et encerclez 16 expressions dans la grille. Puis complétez les phrases avec les expressions que vous trouvez.

```
S  G  G  E  R  U  T  N  I  E  C  P  S  P  I
C  T  A  D  R  A  L  U  O  F  O  O  P  E  S
A  N  N  N  P  D  Q  E  D  R  L  C  E  I  A
S  I  C  E  T  A  V  E  T  E  T  O  I  G  N
Q  A  E  M  M  S  P  E  I  P  T  N  U  N  D
U  M  O  R  E  E  F  L  B  A  N  T  L  O  A
E  A  N  O  D  E  T  P  R  O  D  A  P  I  L
T  C  S  T  U  E  W  E  Y  A  R  C  A  R  E
T  A  J  I  O  H  N  H  V  J  A  T  R  I  S
E  S  L  M  Y  P  O  S  T  S  A  R  A  O  J
K  L  M  O  U  C  H  O  I  R  U  M  P  D  M
E  P  A  N  T  O  U  F  L  E  S  O  A  W  P
I  M  P  E  R  M  E  A  B  L  E  B  S  T  A
```

1. Quand ma grand-mère va à l'église, elle porte souvent un joli tailleur, un _____ au cou, des _____, et elle a son _____ en cuir.

2. Le nouveau pantalon de Céleste est un peu trop grand, alors, elle porte une _____.

3. En été quand il fait du soleil, je porte souvent des lunettes de _____ et des _____.

4. Ma sœur ne porte plus de lunettes; elle porte des verres de _____.

5. Quand elle se prépare pour aller au lit, elle met son _____.

6. Quand on s'habille, on met d'abord des _____.

7. Quand maman se lève tôt pour préparer le petit déjeuner, elle porte son _____ de bain et ses _____. Après, elle s'habille.

8. Quand mon frère joue au volley, il porte toujours sa _____.

9. On met son argent dans son _____.

10. Papa a toujours un _____ quand il a un rhume.

11. Quand il pleut, mon professeur porte un _____ et il a un _____.

8 Imaginez que vous êtes Nadia Lambert. Écrivez une lettre à votre cousin, Christophe, et parlez de Yasmine, la fille tunisienne. Dans votre lettre répondez aux questions suivantes.

1. D'où est-elle?

2. Elle s'appelle comment?

3. Combien de temps est-ce qu'elle passe chez vous?

4. Comment est-elle?

5. Qu'est-ce qu'elle a donné aux membres de votre famille?

6. Qu'est-ce qu'elle a préparé pour votre famille?

7. Avec qui est-ce qu'elle sympathise?

8. Avec qui est-ce qu'elle sort souvent?

9. De quoi est-ce qu'elle parle?

9 | Répondez par **vrai** ou **faux** d'après l'**Enquête culturelle**.

_____ 1. Alger est la capitale de la Tunisie.

_____ 2. En Tunisie on parle arabe et espagnol.

_____ 3. Il y a des Tunisiens qui ont quitté la Tunisie pour aller en France.

_____ 4. Quand on écrit une lettre en français à un(e) ami(e), on utilise toujours un ordinateur.

_____ 5. En France le code postal précède le nom de la ville.

_____ 6. On utilise le Minitel avec le téléphone.

_____ 7. Avec le Minitel, on paie le temps qu'on utilise.

10 | Qu'est-ce qu'on écrit à l'école aujourd'hui? Dans le premier blanc, écrivez la forme convenable du verbe **écrire**. Puis, dans le deuxième blanc, écrivez la lettre de la fin (*ending*) convenable de la phrase.

1. Au cours de français, j'_____ _____.

2. Au cours d'anglais, nous _____ _____.

3. Le prof de géographie _____ _____.

4. Au cours de maths, les élèves _____ _____.

5. À la cantine, est-ce que tu _____ _____?

6. Au cours de physique, le professeur dit aux élèves, "_____ _____."

7. Ce matin l'infirmière _____ _____.

a. de petites histoires

b. une carte postale à ton ami à Québec

c. une lettre au médecin

d. une lettre à mon correspondant en Tunisie

e. une interro sur l'Afrique

f. des devoirs

g. $E=mc^2$ dans vos cahiers

11 **A.** Lisez une petite histoire de la famille Forestier. Puis, complétez les phrases avec **lui** ou **leur**.

Antoine et Véronique aiment bien leur grand-mère, Mme Forestier, qui habite dans une ferme. Ils _____ téléphonent toujours le samedi matin pour _____ parler de la semaine à l'école. Mme Forestier _____ lit les lettres que leur cousin Georges _____ envoie. Georges passe une année aux États-Unis. Mme Forestier envoie souvent des journaux et des magazines à Georges parce qu'il _____ a écrit que le professeur de français à son école a besoin de livres.

Il y a des samedis où Antoine, Véronique et leurs parents vont chez Mme Forestier pour le dîner. Ils _____ offrent des fleurs et elle _____ prépare les plats favoris de Véronique et d'Antoine parce qu'elle adore ces enfants. À vingt-deux heures, les Forestier la remercient pour le dîner et elle _____ dit au revoir. La famille rentre, et tout le monde se couche.

B. Choisissez un(e) ami(e) que vous aimez bien. Puis, utilisez **lui** ou **leur** pour répondre aux questions suivantes.

1. Est-ce que vous téléphonez ou écrivez souvent à cet(te) ami(e)?

   _____

   _____

2. Quand vous êtes ensemble, de quoi est-ce que vous parlez à cet(te) ami(e)?

   _____

   _____

3. Est-ce que vous parlez de ces choses aux autres amis?

   _____

   _____

4. Quand vous voyagez, est-ce que vous envoyez des lettres ou des cartes postales à cet(te) ami(e)?

   _____

   _____

5. Est-ce que vous donnez des cadeaux à cet(te) ami(e) pour son anniversaire? Qu'est-ce que vous lui offrez?

   _____

   _____

12 Utilisez ce que vous lisez dans la **Mise au point sur... l'Algérie, la Tunisie et le Maroc** pour compléter la grille.

Le Maghreb			
Important Languages:			
Principal Religion:			
Feature	Algeria	Morocco	Tunisia
Major Cities	X		X
Year of Independence			
Important Contemporary Political Events		X	
Notable Architectural Features		X	
Traditional Clothing			X
Influences on Art			X
Traditional Arts and Crafts			

Leçon C

13 Trouvez le mot ou l'expression à droite qui correspond à sa définition à gauche et écrivez sa lettre dans le blanc.

_____ 1. ce qu'il faut signer

_____ 2. une dame qui travaille dans une banque

_____ 3. là où on change de l'argent

_____ 4. _____ d'un euro

_____ 5. un homme qui travaille dans une banque

_____ 6. là où on va pour de l'argent liquide

_____ 7. _____ de cinquante euros

_____ 8. des pièces

_____ 9. des billets et de la monnaie

_____ 10. là où on garde son argent

a. une pièce

b. au bureau de change

c. un banquier

d. dans une banque

e. de la monnaie

f. les chèques de voyage

g. de l'argent liquide

h. une banquière

i. un billet

j. à la caisse

14 Expliquez (*explain*) ce qu'il faut faire pour changer des chèques de voyage. Écrivez au moins cinq phrases. Utilisez l'expression **il faut** et le vocabulaire du dialogue.

1. _____

_____

2. _____

_____

3. _____

_____

4. _____

_____

5. _____

_____

15 Choisissez la lettre de l'expression qui complète chaque phrase d'après l'**Enquête culturelle**.

_____ 1. L'océan _____ est au nord-ouest du Maroc.

     a. Atlantique   b. Pacifique   c. Méditerranée

_____ 2. La plus grande ville du pays est _____.

     a. Rabat   b. Alger   c. Casablanca

_____ 3. Le (L') _____ est l'argent marocain.

     a. dirham   b. euro   c. monnaie

_____ 4. Officiellement, on parle _____ au Maroc.

     a. espagnol   b. français   c. arabe

_____ 5. La _____ est une banque française.

     a. TGV   b. BNP   c. SNCF

_____ 6. Les _____ sont des expériences professionnelles pour les étudiants.

     a. salaires   b. stages   c. compagnies

_____ 7. Les étudiants font des stages pour _____.

     a. faire de l'argent   b. trouver un travail   c. avoir un diplôme

---

16 L'histoire de la famille Forestier continue. Antoine et Véronique téléphonent à leur grand-mère, Mme Forestier, qui est aux États-Unis chez leur cousin Georges. Mais il y a du bruit et Antoine n'entend pas bien; donc, il répète beaucoup. Complétez la conversation d'Antoine et sa grand-mère avec **me, m', te, t', nous** ou **vous**.

Antoine:	Salut, Grand-mère! Comment vas-tu? Tu aimes les États-Unis?
Mme Forestier:	Oui, mon petit Antoine. C'est très beau ici. Je _____ ai envoyé une carte postale.
Antoine:	Tu _____ as envoyé une carte postale?
Mme Forestier:	Oui, Antoine. Et je vais _____ envoyer un colis, à vous deux.
Antoine:	Tu vas _____ envoyer un colis?
Mme Forestier:	C'est ça. J'ai un joli foulard pour Véronique et une surprise que je veux _____ offrir.
Antoine:	Un foulard et une surprise pour Véronique?
Mme Forestier:	Non, non, Antoine! La surprise est pour toi! Je vais _____ offrir une jolie surprise des États-Unis! Mais écoute, je vais _____ dire au revoir maintenant. C'est difficile d'entendre.
Antoine:	Alors, tu vas _____ donner une surprise. C'est gentil! Je _____ dis au revoir, Grand-mère.
Mme Forestier:	Au revoir, Antoine.

17 Before reading a poem by the Belgian poet Géo Norge, think about relationships you may have had with figures of authority. What kind of communication existed between you? Have you ever tried really hard to please a teacher, an employer or an older relative? Was this person always responsive to your efforts? Now read this poem about a master–servant relationship, paying attention to the poet's use of repetition and point of view. Then answer the questions that follow.

Monsieur

Je vous dis de m'aider,
Monsieur est lourd.
Je vous dis de crier,
Monsieur est sourd.
Je vous dis d'expliquer,
Monsieur est bête.
Je vous dis d'embarquer,
Monsieur regrette.

Je vous dis de l'aimer,
Monsieur est vieux.
Je vous dis de prier,
Monsieur est Dieu.
Éteignez la lumière,
Monsieur s'endort.
Je vous dis de vous taire,
Monsieur est mort.

Famines, © Seghers

1. Who are the three people referred to in the poem: **je**, **vous** and **monsieur**? Which is the poet's voice? What kind of relationship is implied by the forms of address?

   _____

   _____

   _____

2. What is the repeated refrain? What does the refrain tell you about the relationship between the people?

   _____

   _____

3. What are some of the actions that **vous** is asked to perform? How would you characterize them? Are these actions kind or cruel, helpful or selfish?

   _____

   _____

4. What are some of the words used to describe **monsieur**? What kind of person does he seem to be?

   _____

   _____

5. Does communication finally succeed between **monsieur** and **vous**? Explain your answer.

   _____

   _____

Unité 7　　　　*Les châteaux*

1 Récrivez chaque phrase à la page 124. Changez les mots soulignés (*underlined*) pour mieux décrire (*describe*) la situation dans les illustrations.

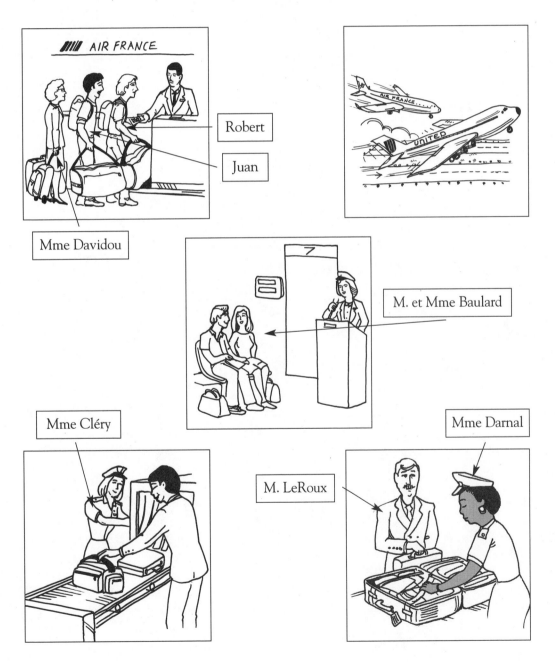

Modèle: Juan et Robert sont des <u>agents</u>.

Juan et Robert sont des passagers.

1. On est à <u>la gare</u>.

   _____

2. L'avion d'Air France <u>décolle</u>.

   _____

3. Mme Davidou est <u>douanière</u>.

   _____

4. Mme Davidou a <u>un grand sac à dos</u>.

   _____

5. Mme Cléry travaille au <u>comptoir d'Air France</u>.

   _____

6. Les Baulard attendent <u>au contrôle de sécurité</u>.

   _____

7. Mme Darnal est <u>une passagère</u>.

   _____

8. M. LeRoux <u>fait enregistrer ses bagages</u>.

   _____

9. L'avion d'United Airlines <u>atterrit</u>.

   _____

2 | Complétez les mots croisés avec les mots qui manquent dans les phrases suivantes.

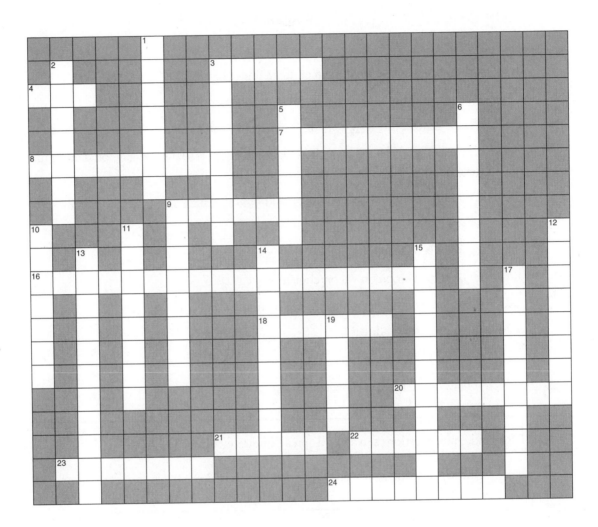

1. Pour prendre un avion, on va à l' _11 V_ .

2. Une dame qui prend un avion est une _17 V_ .

3. Un homme qui prend un avion est un _20 H_ .

4. Quand on fait enregistrer ses bagages, on parle à un _19 V_ .

5. On met ses vêtements dans une _22 H_ quand on voyage.

6. Quand on va à la porte d'embarquement, il faut d'abord passer le _16 H_ .

7. Quand on arrive à sa destination, on passe à la _9 H_ .

8. Un homme qui vérifie les choses qu'on déclare est un _24 H_ .

9. Une dame qui vérifie les choses qu'on déclare est une _8 H_ .

10. On attend l'avion à la _21 H_ d'embarquement.

11. Quand l'avion part, il __10 V__ .

12. Quand l'avion arrive, il __6 V__ .

13. On va au __12 V__ pour faire enregistrer ses bagages.

14. On __3 H__ à la douane.

15. Quand ce n'est pas un vol direct, il y a une __18 H__ .

16. L'agent au comptoir __1 V__ le billet et le passeport des passagers.

17. Il faut acheter un __5 V__ pour prendre un avion ou un train.

18. Quand on cherche quelque chose dans un aéroport, dans une gare ou dans la rue, on regarde les __3 V__ .

19. Pour aller vite d'un étage à l'autre, on prend l' __14 V__ .

20. Les panneaux __7 H__ où aller.

21. Passer à la douane est rapide si on n'a rien à __9 V__ .

22. Si on aime voir où on va, on choisit un siège côté __23 H__ .

23. On peut avoir un siège côté fenêtre ou un siège côté __2 V__ .

24. C'est un __4 H__ direct?

25. Je vais à Paris. Paris est ma __15 V__ .

26. Il faut faire __13 V__ ses bagages au comptoir.

---

3 | Répondez aux questions suivantes d'après l'**Enquête culturelle**.

1. Quels sont les deux aéroports principaux de Paris?

   _____

   _____

2. Où est Roissy-Charles de Gaulle?

   _____

3. Est-ce qu'on montre ses bagages au contrôle des passeports ou à la douane?

   _____

4. Comment peut-on aller de Roissy au centre-ville?

   _____

   _____

5. Où est-ce que les passagers attendent leur vol à l'aéroport?

   _____

4 | **A.** Victor n'a pas de place dans sa valise pour tous les souvenirs qu'il a achetés en France. Alors, il offre certains souvenirs à ses amis. Écrivez leurs conversations. Utilisez **me, te, nous, vous, le, la** ou **les** dans vos phrases.

Modèle: Victor: Raoul, tu veux ce tee-shirt de Nice? _____*Je te l'offre*_____ .

Raoul: _____*Tu me l'offres*_____ ? Super! Tu es vraiment généreux!

Victor: Jacqueline, tu veux cette petite tour Eiffel? _____ .

Jacqueline: _____ ? Formidable!

Victor: Luc et Saïd, vous voulez ces bandes dessinées? _____ .

Luc et Saïd: _____ ? Merci beaucoup!

Victor: Hugo et Sandrine, vous voulez ces plans de Paris? _____ .

Hugo: _____ ? C'est gentil.

Victor: Julien, tu veux ces cartes postales? _____ .

Julien: _____ ? Super!

B. Maintenant c'est vous qui n'avez pas de place dans votre valise pour les souvenirs que vous avez achetés. Vos amis aiment bien certains souvenirs. Décidez si vous allez les leur donner ou si vous n'allez pas les leur donner. Utilisez **le, la, les, lui** et **leur** dans vos phrases.

Modèles: David aime bien le calendrier que vous avez acheté.

_*Je vais le lui donner.*_____

Maurice aime bien le grand livre sur la France que vous avez acheté.

_*Je ne vais pas le lui donner.*_____

1. Albert aime bien l'affiche des Alpes que vous avez achetée.

   _____

2. Judith aime bien le foulard bleu que vous avez acheté.

   _____

3. Rachel et Margot aiment bien les CDs de rock français que vous avez achetés.

   _____

4. Bernard et Frédéric aiment bien le fromage français que vous avez acheté.

   _____

5. Jayne aime bien les boucles d'oreilles que vous avez achetées.

   _____

C'EST À TOI!
Level Two

Leçon B

5 | Angélique, qui a cinq ans, prend le train pour la première fois. Utilisez le nouveau vocabulaire de la Leçon B pour répondre aux questions qu'elle pose à sa mère, Mme Desrosiers.

Modèle: Angélique: Maman, regarde le train! Là où le train arrive, ça s'appelle comment?

Mme Desrosiers: *C'est une voie.*

Angélique: Pourquoi est-ce que le garçon porte un sac à dos?

Mme Desrosiers: _____

Angélique: Pourquoi est-ce que cette dame a une valise?

Mme Desrosiers: _____

Angélique: Qu'est-ce que c'est là-bas, où tout le monde met son billet?

Mme Desrosiers: _____

Angélique: Qui est la dame qui travaille là-bas?

Mme Desrosiers: _____

Angélique: Le grand tableau que tu regardes, maman, il s'appelle comment?

Mme Desrosiers: _____

Angélique: Qui est cet homme qui vient de te parler?

Mme Desrosiers: _____

6 | D'après le dialogue, encerclez la réponse convenable pour faire une phrase correcte.

1. André, Étienne et Paul sont (à la gare) (à l'aéroport).

2. Étienne arrive (en avance) (en retard).

3. André l'attend (devant le guichet) (sur le quai).

4. André et Paul attendent Étienne depuis (une demi-heure) (une heure et demie).

5. André et Paul ont dû (faire la queue) (monter dans le train) pour acheter leurs billets.

6. Étienne dit "Mince!" parce qu'il (est) (n'est pas) content.

7. (Il y a beaucoup de monde) (Il n'y a personne) qui prend le train pour aller à Blois aujourd'hui.

8. André dit "mon vieux" quand il parle à Étienne parce qu'Étienne est (plus âgé qu'André) (l'ami d'André).

7 Répondez par **vrai** ou **faux** d'après l'**Enquête culturelle**.

_____ 1. Blois est une ville des Pyrénées.

_____ 2. Le château de Blois est la résidence officielle du président de la République.

_____ 3. Le château de Blois est célèbre pour son grand escalier en chocolat.

_____ 4. Quand on voyage en train, il est nécessaire de composter le billet.

_____ 5. On attend le train au guichet.

_____ 6. Les billets de train sont plus chers pendant la période bleue.

_____ 7. Les jeunes Français voyagent souvent à vélo.

8 C'est aujourd'hui lundi. Vos copains et vous, vous êtes arrivés à Tours pendant l'après-midi il y a une semaine. Regardez le programme des visites de la région, puis écrivez quand les personnes suivantes ont visité les châteaux indiqués. Utilisez **il y a** dans vos réponses.

PROGRAMME DU 8 AVRIL AU 12 NOVEMBRE

LUNDI	MARDI	MERCREDI	JEUDI	VENDREDI	SAMEDI	DIMANCHE
Départ 13h30	Départ 9h30	Départ 13h30	Départ 9h30	Départ 13h30	Départ 9h00	Départ 13h30
AMBOISE (vue sur le château)	BLOIS (visite et déjeuner)	AMBOISE (visite)	LANGEAIS (visite)	AMBOISE (vue sur le château)	AZAY-LE-RIDEAU (visite)	AZAY-LE-RIDEAU (visite)
CHAUMONT (visite)	CHAMBORD (visite)	LE CLOS LUCÉ Demeure de Léonard de Vinci (visite)	USSÉ (vue sur le château)	CHAUMONT (visite)	VILLANDRY (visite)	USSÉ (visite)
CHENONCEAUX (visite)	CHEVERNY (visite)	CHENONCEAUX (visite)	CHINON (déjeuner et visite)	CHENONCEAUX (visite)	Retour vers 12h30 15,24€*	VILLANDRY (visite)
			AZAY-LE-RIDEAU (visite)			
			VILLANDRY (visite)			
Retour vers 19h00 19,82€*	Retour vers 18h30 28,97€*	Retour vers 19h00 19,82€*	Retour vers 18h30 28,97€*	Retour vers 19h00 19,82€*		Retour vers 19h00 19,82€*

SAMEDI

Départ 13h30

AMBOISE (visite)

LE CLOS LUCÉ Demeure de Léonard de Vinci (visite)

CHENONCEAUX (visite)

Retour vers 19h00 19,82€*

*PRIX PAR PERSONNE. REPAS ET DROITS D'ENTRÉE NON COMPRIS, MAIS VOUS POUVEZ BÉNÉFICIER DU TARIF RÉDUIT DANS TOUS LES CHÂTEAUX.

TOURAINE ÉVASION PEUT AUSSI VOUS PROPOSER LA LOCATION DE MINIBUS AVEC CHAUFFEUR - FORFAIT : DEMI JOURNÉE / JOURNÉE / SPECTACLES SON ET LUMIÈRE

Modèle: Un matin Ahmed et Zakia ont visité Azay-le-Rideau et Villandry.

Ils ont fait ça il y a deux jours.

1. Jérôme et Damien ont visité cinq châteaux.

2. Éloïse et Victor ont visité deux châteaux et sont revenus à 12h30.

3. Juliette a pris le déjeuner à Blois.

4. Rose et Brigitte sont allées à Azay-le-Rideau, Ussé et Villandry. Elles sont revenues à 19h00.

5. Marcel, Jeanne et moi, nous avons vu la maison de Léonard de Vinci près d'Amboise. Le samedi nous n'avons rien vu.

9 | Il est 5h30 lundi après-midi. Vous parlez avec des ados parisiens qui sont à Tours. Vous demandez (*ask*) à Ariane de vous dire depuis quand ses copains sont ici à Tours. Tout le monde parle et vous ne pouvez pas l'entendre. Donc, demandez à Ariane de vous dire depuis combien de temps ses copains sont à Tours. Écrivez la conversation.

Modèle: Jean-Baptiste et Virginie (Ils sont arrivés à Tours à 4h15.)

— *Depuis quand est-ce que Jean-Baptiste et Virginie sont à Tours?*

— *Ils sont ici depuis quatre heures et quart.*

— *Comment? Depuis combien de temps est-ce que Jean-Baptiste et Virginie sont ici?*

— *Ils sont ici depuis une heure et quart.*

1. David et Rachel (Ils sont arrivés à Tours à 8h30.)

—

—

—

—

2. Gisèle et Augustine (Elles sont venues à Tours vendredi.)

—_____

—_____

—_____

_____

—_____

3. Thierry (Il est arrivé à Tours lundi dernier.)

—_____

—_____

—_____

—_____

4. Charles (Il est arrivé à 11h30.)

—_____

—_____

—_____

—_____

5. Nicole (Elle est arrivée dimanche.)

—_____

—_____

—_____

—_____

6. Pierre (Il est arrivé à 2h30.)

—_____

—_____

—_____

—_____

10 Trouvez le mot ou l'expression à gauche qui correspond à sa description à droite et écrivez sa lettre dans le blanc.

_____ 1. nickname of the Loire Valley

_____ 2. most famous room in Versailles

_____ 3. Louis XIV

_____ 4. the Loire Valley

_____ 5. fortresses

_____ 6. pleasure palaces

_____ 7. Charles VIII

_____ 8. François I

_____ 9. Huguenots

_____10. Chenonceaux

_____11. Diane de Poitiers

_____12. Catherine de Médicis

_____13. Chambord

_____14. Versailles

_____15. **le lever du roi**

a. built for defense

b. mistress of Henri II

c. friend of Leonardo da Vinci

d. **le jardin de la France**

e. the famous French palace built for Louis XIV

f. French Protestant rebels

g. the ceremony when the Sun King got out of bed

h. **le Roi Soleil**

i. wife of Henri II

j. largest of the Loire castles

k. **la galerie des Glaces**

l. has over 100 châteaux

m. beautiful château built over the Cher

n. first brought Italian artists to Amboise

o. built for gracious living and entertaining

11 | Répondez aux questions d'après le dialogue.

1. Est-ce que Jérémy et Stéphanie prennent l'autobus?

   _____

2. Où vont-ils?

   _____

3. Qu'est-ce qu'ils ne connaissent pas très bien?

   _____

4. Pourquoi ne vont-ils pas au syndicat d'initiative?

   _____

   _____

5. Où est-ce qu'ils font la connaissance d'Abdoul?

   _____

6. Est-ce que le château est très loin de la gare?

   _____

7. Où faut-il aller pour demander s'il y a des visites spéciales aujourd'hui?

   _____

12 | D'après l'**Enquête culturelle**, écrivez la lettre de la réponse convenable à côté de sa question.

_____ 1. Versailles est à quelle distance de Paris?

_____ 2. On prend quelle ligne du R.E.R. pour aller de Paris à Versailles?

_____ 3. Quel jour de la semaine est-ce que le château de Versailles est fermé?

_____ 4. Qu'est-ce qu'il faut aussi voir à Versailles?

_____ 5. Qu'est-ce que les touristes peuvent trouver au syndicat d'initiative?

_____ 6. Qu'est-ce qu'on peut réserver au syndicat d'initiative?

a. des informations, les plans de la ville et les listes d'activités

b. les jardins

c. C5

d. 18 kilomètres

e. une chambre d'hôtel

f. le lundi

13 Un groupe d'élèves américains voyagent de Paris à Blois avec leur professeur. Ils vont de leur hôtel à la gare où ils parlent de ce qu'il faut faire. Complétez les blancs avec la forme convenable du verbe **savoir**.

René: Monsieur Smith, est-ce que vous _____ où est la gare?

M. Smith: Oui, la gare est là, devant nous.

(Tout le monde entre dans la gare.)

M. Smith: Luc et Thierry, vous _____ qu'il faut acheter des billets pour tout le monde au guichet?

Luc: Oui, mais nous ne _____ pas où est le guichet.

M. Smith: Là-bas, à gauche du tableau des arrivées et des départs. Alice, tu _____ que c'est toi qui vas vérifier l'heure du départ, n'est-ce pas?

Alice: Oui, Monsieur Smith, et je _____ que je dois vérifier le quai de notre train aussi.

M. Smith: Très bien, Alice. Alors, les élèves, tout le monde _____ qu'il faut composter vos billets au composteur? Et puis, vous pouvez passer au quai pour attendre notre train. Tiens! Où sont Lise et Véronique? Tu _____, Thierry?

Thierry: Elles sont allées au café.

M. Smith: Zut alors! Elles ne _____ pas qu'on peut prendre le petit déjeuner dans le train? Nous n'allons jamais partir!

14 **A.** Choisissez un mot ou une expression de chaque colonne pour faire des phrases convenables.

A	B	C
M. le boucher	connais	pas ton père.
Ces cuisinières	connaissons	la bouillabaisse.
Vous	connaît	un bon feuilleton.
Moi, je ne	connais	bien son métier.
Nous	connaissez	le boulanger?
Est-ce que tu	connaissent	tous nos cousins.

1. _____

2. _____

3. _____

4. _____

5. _____

6. _____

B. Avec d'autres élèves de votre école, vous êtes allé(e) en France. Vous avez voyagé à des provinces différentes où vous avez fait du sport pendant une semaine. Écrivez dans votre journal de voyage à la page 136 les attraits (*attractions*) de chaque province et le nouveau sport qu'on sait faire. Étudiez la carte de France pour trouver l'attrait de la province et le sport.

Modèle: Raphaël a voyagé en Normandie.
<u>*Maintenant il connaît la campagne et il sait faire du cheval.*</u>

1. Aurélie a voyagé en Provence.

   _____

   _____

   _____

2. Stéphane a voyagé en Guyenne.

   _____

   _____

   _____

3. Alexandre et Ousmane ont voyagé en Alsace.

   _____

   _____

   _____

4. Amélie et Christine ont voyagé en Franche-Comté.

   _____

   _____

   _____

5. Patricia et moi, nous avons voyagé en Bretagne.

   _____

   _____

   _____

6. Gaston et Sara ont voyagé en Touraine.

   _____

   _____

   _____

15   Using the skills you have learned in this unit, make an outline of the articles that follow about three **châteaux** in the Loire Valley. Before you begin, you may want to review the four points on page 292 of your textbook. Also use the information about **châteaux** from this unit to make logical deductions as you read the article. You might consider organizing the information according to the features that are attractive to tourists.

TOURAINE
PAYS DES CHÂTEAUX

AZAY-LE-FERRON

Pour l'amateur de beaux meubles anciens, le château d'Azay-le-Ferron est certainement l'un des mieux pourvus des environs de Tours. Dans les vingt-deux pièces ouvertes au public se trouve une remarquable collection de meubles dont un grand nombre porte l'estampille de célèbres ébénistes du XVIIIe siècle.

Le bâtiment lui-même relie divers corps de logis de style médiéval, Renaissance et classique, mis en valeur par un immense parc et des jardins topiaires près du château et à l'anglaise dans les lointains.

SACHÉ
demeure de Balzac

Pour les amateurs de pèlerinages littéraires, le château de Saché constitue l'un des endroits les plus attachants de Touraine. Au milieu d'un parc romantique ouvert sur la vallée de l'Indre, on peut y retrouver l'atmosphère d'une vieille demeure de campagne avec son salon garni de papiers peints et la petite chambre du romancier.

Une riche collection de portraits, d'autographes, d'éditions originales permet d'évoquer l'auteur de *La Comédie Humaine* et le cadre des romans qu'il y composa: *Le Père Goriot, César Birotteau, Le Lys dans la Vallée.*

CHENONCEAUX

Avec sa tour médiévale, son corps de logis Renaissance, sa galerie classique qui enjambe le Cher, le château de Chenonceaux, par sa situation exceptionnelle au milieu de jardins à la française fleuris en toutes saisons, est, de tous les châteaux de Touraine, celui qui attire le plus d'hommages et de témoignages mérités d'admiration.

De plus, quatre siècles d'histoire sont retracés dans un «Musée de cires» situé dans les jardins du château.

Unité 8   *En voyage*

1 Utilisez le nouveau vocabulaire du dialogue pour répondre aux questions qu'on pose à Jules Renard qui va voyager à la Martinique.

La réceptionniste:	Allô, Hôtel Lutèce, bonjour!
Jules:	La réception, s'il vous plaît. Je voudrais faire une réservation.
La réceptionniste:	Très bien. Vous voulez réserver combien de chambres?
Jules:	_____
	_____
La réceptionniste:	C'est pour quelles dates?
Jules:	_____
	_____
La réceptionniste:	Préférez-vous une chambre qui donne sur la mer ou une chambre qui donne sur le jardin?
Jules:	_____
	_____

La réceptionniste: Voulez-vous une chambre avec un grand lit ou des lits jumeaux?

Jules: _____

La réceptionniste: Est-ce que vous voulez une chambre avec une salle de bains? Avec la climatisation? Voulez-vous le téléphone et la télévision?

Jules: _____

_____

_____

La réceptionniste: D'accord. Nous avons une chambre pour vous à 84€. Il y a un supplément de 8€ pour le petit déjeuner. Le voulez-vous?

Jules: _____

_____

La réceptionniste: Très bien. Je vais réserver la chambre avec le petit déjeuner au nom de qui?

Jules: _____

_____

La réceptionniste: Et quel est votre prénom, s'il vous plaît, M. Renard?

Jules: _____

_____

La réceptionniste: Bon. Comment allez-vous régler?

Jules: _____

_____

La réceptionniste: Très bien. Merci, Monsieur.

---

2 | Encerclez la réponse convenable d'après l'**Enquête culturelle**.

1. Quelle ville est la capitale de la province de Québec?

   a. Québec   b. Montréal   c. Saint-Laurent

2. La Citadelle, qu'est-ce que c'est?

   a. une université   b. un vieux fort   c. un centre commercial

3. Quel grand hôtel est à Québec?

   a. la Citadelle   b. le Michelin   c. le château Frontenac

4. Quel quartier de Québec a des sections résidentielles, commerciales et industrielles?

   a. le Vieux-Québec   b. la section moderne   c. le port

5. Qu'est-ce qu'on utilise pour trouver un hôtel en France?

   a. un ascenseur   b. le *Guide Michelin Rouge*   c. le Saint-Laurent

6. Où sont les salles de bains dans les hôtels assez simples?

    a. dans le couloir   b. dans les chambres   c. à la réception

7. Parce que le voltage électrique est différent en France, qu'est-ce que les touristes américains doivent utiliser?

    a. un adaptateur   b. un supplément   c. la climatisation

---

3 | **A.** Votre mère vient de rentrer après son travail. Tout est en désordre. Elle veut savoir ce que tout le monde a fait. Consultez la grille que vous avez faite pour déterminer qui a fait quoi. Utilisez **lui**, **elle**, **nous**, **eux** ou **elles** pour répondre à ses questions.

	Jacques	Annie	Nicole	Papa	Moi
Modèle: Qui ne ferme jamais la porte?	x				
1. Qui met toujours son blouson sur le fauteuil?		x			
2. Qui a laissé ses baskets dans la cuisine?	x				
3. Qui a laissé le lait sur le comptoir?				x	
4. Qui mange du gâteau dans le salon?			x		
5. Qui fait ses devoirs sur le tapis?	x	x			
6. Qui joue aux cartes?			x		x
7. Qui a nourri le chien?		x	x		
8. Qui a laissé la boîte sur la cuisinière?		x			
9. Qui regarde la télé?				x	
10. Qui joue de la batterie?	x				

Modèle: _Jacques. C'est lui qui ne ferme jamais la porte._

1. _____

    _____

2. _____

    _____

3. _____

    _____

4. _____

_____

5. _____

_____

6. _____

_____

7. _____

_____

8. _____

_____

9. _____

_____

10. _____

_____

B. Paul sort de la maison mais son père lui pose des questions. Utilisez **moi, toi, lui, elle, nous, vous, eux** ou **elles** pour compléter le dialogue.

Son père: Où vas-tu maintenant?

Paul: Qui, _____?

Son père: Oui, _____.

Paul: Je vais chez David et Élisabeth. Pourquoi?

Son père: Chez David et Élisabeth? Mais tu es allé chez _____ hier soir.

Paul: Oui, mais ils m'ont invité à aller à un concert avec _____. J'ai déjà demandé à maman. Et _____, elle a dit que oui.

Son père: Mais _____, je ne l'ai pas dit. Et regarde, qu'est-ce que _____, ton frère et toi, vous avez fait à la maison?

Paul: _____? Ce n'est pas _____. Ce sont Annie et Nicole. _____, elles ont fait ça. _____, j'ai laissé les cartes sur la table, c'est tout. Et Jacques, _____, il a laissé ses livres sur le tapis et ses baskets dans la cuisine. Mais Annie et Nicole....

Son père: Elles sont plus jeunes que _____, Jacques et toi. Va aider ta mère à nettoyer la maison. On va parler de tout ça plus tard.

Leçon B

4 | Répondez aux questions d'après le dialogue.

1. Où est-ce que Charles habite?

   _____

2. Où est-ce qu'il est allé?

   _____

3. Avec qui est-ce qu'il parle?

   _____

4. Est-il resté dans un hôtel à Paris?

   _____

   _____

5. Il a fait de nouveaux amis de quelles nationalités?

   _____

   _____

6. Qu'est-ce qu'on faisait ensemble le soir?

   _____

   _____

7. Avec qui est-ce qu'il sympathisait surtout?

   _____

8. Qu'est-ce qu'elle faisait à Paris?

   _____

9. Est-ce que M. Bertin va pouvoir faire sa connaissance?

   _____

10. Qu'est-ce que Karine a envie de faire?

    _____

11. Quand est-ce qu'elle va le faire?

    _____

5 Répondez par **vrai** ou **faux** d'après l'**Enquête culturelle**.

_____ 1. Sainte-Anne-de-Beaupré est dans la province de Québec.

_____ 2. Il y a une basilique à Sainte-Anne-de-Beaupré où vont beaucoup de gens malades.

_____ 3. Les jeunes voyageurs en France ne choisissent pas souvent de rester dans des auberges de jeunesse.

_____ 4. Les auberges de jeunesse sont chères.

_____ 5. Si on a moins de 18 ans, on ne peut pas rester dans des auberges de jeunesse.

_____ 6. On peut acheter le petit déjeuner dans les auberges de jeunesse.

_____ 7. Dans les hôtels en France, on paie par personne.

6 **A.** Hubert, 18 ans, et son frère Joseph, 16 ans, sont en train de parler avec leur grand-mère, Mme Gilbert, de ce qu'elle faisait quand elle avait le même âge qu'eux. Mme Gilbert était musicienne, un peu timide et pas du tout sportive. Elle aimait être chez elle pour lire et passer du temps dans le jardin. D'après ce que vous savez d'elle, répondez aux questions de ses deux petits-fils (*grandsons*).

Modèle: Hubert: Nous allons très souvent à la plage avec nos amis. Et toi, Grand-mère?

Mme Gilbert: *Non, je n'allais pas souvent à la plage.*

Joseph: À la plage, nous nageons dans la mer et faisons des promenades en bateau. Et toi, Grand-mère?

Mme Gilbert: _____

_____

Hubert: Souvent le soir nous rendons visite à nos amis. Nous jouons du piano.

Mme Gilbert: _____

_____

Joseph: Quand il fait très chaud, nous restons à la maison. Nous lisons des livres sous les arbres dans le jardin et nous prenons des jus de fruits. Et toi, Grand-mère?

Mme Gilbert: _____

_____

_____

Hubert: Quand il pleut, nous faisons du karaté au sous-sol ou écoutons de la musique.

Mme Gilbert: _____

_____

Joseph: C'est intéressant de parler de ta vie, Grand-mère!

B. Posez des questions à un membre de votre famille qui est plus âgé que vous. Écrivez six questions en français sur ce que cette personne aimait faire quand elle avait votre âge. Puis, encerclez les numéros des phrases qui représentent des activités que vous aussi, vous aimez faire.

1. _____

_____

2. _____

_____

3. _____

_____

4. _____

_____

5. _____

_____

6. _____

_____

7 Bernard et Antoine ont fait une croisière (*went on a cruise*) dans le Pacifique. À leur retour, ils parlent de ce que tout le monde faisait au moment où il a commencé à pleuvoir pendant leur voyage. À la page 146 écrivez les réponses de chaque personne d'après l'illustration.

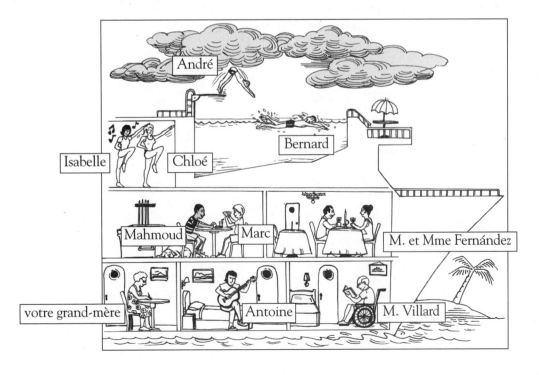

Antoine: André et toi, où étiez-vous quand il a commencé à pleuvoir?

Bernard: _____

Antoine: Qu'est-ce que tu faisais?

Bernard: _____

Antoine: Et André, qu'est-ce qu'il faisait?

Bernard: _____

         Chloé et Isabelle, qu'est-ce qu'elles faisaient?

Antoine: _____

Bernard: Et M. et Mme Fernández?

Antoine: _____

Bernard: Qu'est-ce que Marc et Mahmoud faisaient?

Antoine: _____

Bernard: Et le chien de Mahmoud?

Antoine: _____

         Sais-tu où ma grand-mère et moi, nous étions?

Bernard: _____

Antoine: Et qu'est-ce que M. Villard faisait?

Bernard: _____

---

8 Simplifiez les phrases suivantes. Faites des généralisations et utilisez la forme convenable de l'adjectif **tout** dans chaque phrase.

Modèle: Ma grand-mère et mon grand-père nous ont rendu visite en janvier, en février et en mars. Ils vont nous rendre visite en avril aussi.

Ils nous rendent visite tous les mois.

1. Mes amis et moi, nous sommes allés au cinéma le vendredi 4, le mercredi 9 et le samedi 19. Nous allons aussi aller au cinéma le mardi 22.

   _____

2. Mon prof de français est allé en France l'année dernière et cette année. Il va aussi aller en France l'année prochaine.

   _____

3. Mes parents sont allés à la Guadeloupe en juin 2000, en août 2001, en juillet 2002 et ils vont aussi aller à la Guadeloupe cet été.

   _____

4. Il y avait trois bracelets en or dans cette boutique. Jacqueline vient d'acheter ces trois bracelets en or.

   _____

5. Michèle est fatiguée du matin au soir chaque jour, même pendant le weekend. Elle est fatiguée au printemps, en été, en automne et en hiver.

_____

6. Ma tante regarde la télé quand elle se lève le matin et elle continue à la regarder jusqu'à l'heure de se coucher.

_____

7. Mon oncle reste à Paris de janvier à décembre. Il ne quitte jamais la ville.

_____

8. Hier matin mon père s'est levé à cinq heures et demie. Aujourd'hui il s'est levé à cinq heures et demie. Demain matin il va se lever à cinq heures et demie. Même le weekend il se lève à cinq heures et demie.

_____

9 | Répondez aux questions d'après la **Mise au point sur... le Canada français**.

1. How many provinces are there in Canada?

_____

2. Which province is the largest?

_____

3. What percent of Quebec's French speakers do not speak English?

_____

_____

4. Who discovered **la Nouvelle-France**?

_____

5. What was he looking for?

_____

6. What did he name in honor of François I?

_____

7. Who founded the city of Quebec?

_____

8. What does "Quebec" mean?

_____

9. What was the first real colony?

_____

10. When was it established?

_____

11. Why was it important?

_____

_____

12. What happened to New France in the middle of the 18th century?

_____

13. What does **Je me souviens** mean?

_____

14. What is the French word for the inhabitants of Quebec?

_____

_____

15. What does **le Parti Québécois** want?

_____

16. Why are most road signs in Quebec only in French today?

_____

_____

17. What does **Le français, je le parle par cœur** mean?

_____

_____

18. Whose rallying cry is it?

_____

19. How do you say "I like to shop" in **québécois**?

_____

_____

20. What is the second largest French-speaking city in the world?

_____

_____

10 | **A.** Écrivez ce que vous mangez seulement au petit déjeuner, seulement au déjeuner ou au dîner, ou à tous les repas.

des céréales	des œufs sur le plat
des crêpes	du pain grillé
du café au lait	du pain perdu
du chocolat chaud	du sirop d'érable
du jus de pamplemousse	des tartines
du jus de tomate	du thé au lait
des œufs brouillés	du thé au citron
des saucisses	

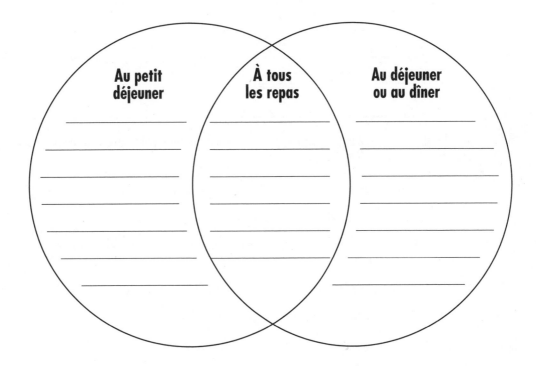

B. Comparez ce que vous avez écrit dans l'Activité 10A avec un(e) autre élève. Écrivez six phrases qui comparent ce que vous prenez.

Modèle: *Anne mange des saucisses seulement au petit déjeuner, mais moi, je mange des saucisses à tous les repas.*

1. _____

    _____

2. _____

    _____

3. _____

    _____

4. _____

    _____

5. _____

    _____

6. _____

    _____

11 Lisez le dialogue. Puis encerclez l'expression convenable entre parenthèses pour compléter la phrase.

1. M. et Mme Durieu sont (au Canada) (en Belgique).

2. Bientôt ils vont (s'habiller) (se coucher).

3. Ils veulent prendre le petit déjeuner le lendemain (dans la salle à manger) (dans leur chambre).

4. (Mme Durieu) (M. Durieu) remplit la fiche de commande.

5. Il faut utiliser (un crayon) (un stylo) pour la remplir.

6. Mme Durieu va manger (plus) (moins) que quand elle est chez elle.

7. Mme Durieu demande (des œufs sur le plat et des saucisses) (du pain et un croissant).

8. M. Durieu va boire (un thé au citron) (un café au lait).

9. M. Durieu (va mettre) (a mis) la commande sur la porte.

12 **A.** Skim the first paragraph of the **Enquête culturelle** to find the main topic being discussed. Next, look at the questions that follow. Then, rapidly scan the paragraph looking only for the information to answer these questions. You may respond in English.

1. On what river is Montreal located?

_____

_____

2. What festival takes place in Montreal each summer?

_____

_____

3. In what year was the world's fair in Montreal?

_____

_____

4. What sports event took place in Montreal in 1976?

_____

_____

B. Now follow the same steps as you did in Activity 12A and skim the second paragraph of the **Enquête culturelle**.

1. What meals are you served in a French hotel if you take the "demi-pension" plan?

_____

_____

2. How many meals are you served if you take the "pension" plan?

_____

_____

3. In what two places in a hotel can you find information about the meals that are served there?

_____

_____

4. Where do you put your breakfast order form before going to bed?

_____

_____

13 Votre frère Étienne vient de rentrer de France où il a passé l'été. Dans sa valise il a des cadeaux pour toute la famille. Utilisez l'illustration et le verbe **recevoir** pour dire ce que tout le monde reçoit.

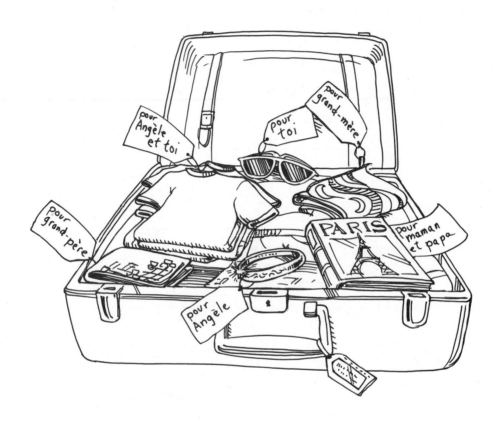

1. Mes parents _____

2. Ma grand-mère _____

3. Mon grand-père _____

4. Ma sœur Angèle et moi, _____

5. Angèle _____

6. Moi, je _____

14 Vous avez des amis chez vous. Tout le monde vous a dit ce qu'il veut boire, mais vous avez oublié (*forgot*). Complétez chaque phrase avec la forme convenable du verbe **boire**.

— Qui _____ du café?

— Valérie, Gérard et moi, nous _____ du café.

— Qui le _____ au lait?

— Valérie et Gérard le _____ au lait. Moi, je _____ du café noir.

— Et vous, Christine et Philippe, qu'est-ce que vous _____?

— Moi, je _____ du thé au citron. Et toi, Philippe, tu _____ du café, n'est-ce pas?

— Non, j'_____ déjà _____ trop de café aujourd'hui. Je _____ du jus d'orange.

— Ah oui, tu _____ du jus d'orange.

15 Read the poem that follows about the St. Lawrence River by the Quebec poet Gatien Lapointe. Then answer the questions on page 154, using what you have learned in this unit about metaphors.

answer the questions on page 154

Ôde au Saint-Laurent
(extrait)

1   Le monde naît en moi

2   Je suis la première enfance du monde

3   Je crée mot à mot le bonheur de l'homme

4   Et pas à pas j'efface la souffrance

5   Je suis une source en marche vers la mer

6   Et la mer remonte en moi comme un fleuve

7   Une tige étend son ombre d'oiseau sur ma poitrine

8   Cinq grands lacs ouvrent leurs doigts en fleurs

9   Mon pays chante dans toutes les langues

© L'Hexagone

1. Identify the subject and object of the metaphor in line 2. What does this metaphor mean?

   _____

   _____

   _____

2. What is the effect of the St. Lawrence River on people as described in the poem? How might the river create these effects, in your opinion?

   _____

   _____

   _____

   _____

3. Identify the subject and object of the metaphor in line 5. What image do lines 5–6 create?

   _____

   _____

   _____

   _____

4. What aspects of the St. Lawrence River might the poet be referring to in lines 7–9?

   _____

   _____

   _____

   _____

   _____

   _____

   _____

5. How do the two Quebec poets Vigneault and Lapointe depict nature in the poems that you have read in this unit? According to them, do you think nature plays an important role in French-Canadian life?

   _____

   _____

   _____

Unité 9   *Des gens célèbres du monde francophone*

Leçon A

1 Complétez les mots croisés. Les expressions viennent du vocabulaire de cette leçon et se réfèrent aux professions et aux métiers.

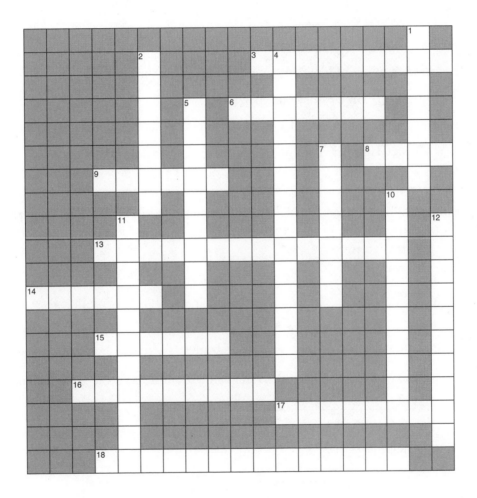

1. Le travail qu'on fait est son ___14 H___ .

2. Sting est un ___17 H___ célèbre.

3. Céline Dion est une ___16 H___ célèbre.

4. Un(e) ___2 V___ fait du sport.

5. François Truffaut est ___18 H___ , et Spike Lee et Oliver Stone aussi.

6. Au restaurant c'est le __8 H__ qui prépare les repas.

7. Un homme qui travaille avec ses mains pour faire quelque chose est un __1 V__ .

8. Quand on prend un taxi, on donne de l'argent au __5 V__ .

9. On téléphone au __6 H__ pour lui demander de venir vite vous aider.

10. Gérard Depardieu est un __9 H__ français qui a joué dans beaucoup de films.

11. Isabelle Adjani est une __7 V__ française célèbre, et Brigitte Bardot aussi.

12. Un __11 V__ aide les animaux.

13. Louis Pasteur était __3 H__ .

14. Marie Curie était __10 V__ .

15. Souvent un(e) __12 V__ écrit des lettres sur ordinateur.

16. Un __15 H__ voyage beaucoup en avion.

17. George W. Bush est un __4 V__ aux États-Unis et Jacques Chirac fait ce métier en France.

18. Margaret Thatcher était une __13 H__ célèbre, et Indira Gandhi aussi.

---

2 | Récrivez les phrases suivantes qui décrivent des amis à l'école Louis Pasteur. Remplacez (*replace*) les mots entre parenthèses par des mots sur la liste. Faites les changements nécessaires pour avoir des phrases correctes.

assis	se perfectionner
à son avis	se rejoindre
douée	sérieusement
en terminale	un boulot

1. Miloud et ses copains sont (dans leur dernière année) à l'école Louis Pasteur.

    _____

2. Après ses cours aujourd'hui, Miloud veut jouer au foot avec ses amis; il ne veut pas travailler (dur).

    _____

3. Cet après-midi Béatrice et Robert veulent (être ensemble) à la bibliothèque pour étudier.

    _____

4. Quand Béatrice arrive, elle voit Robert (sur une chaise) à une table devant ses livres.

    _____

5. Michel a (un petit travail) qu'il fait après les cours.

    _____

6. Annick est (très forte) en maths; elle est caissière au café de ses parents.

_____

7. Caroline dit qu'elle va vite finir le travail pour son cours d'espagnol. (Elle pense que) les devoirs sont faciles.

_____

8. Didier aime l'allemand. Il travaille tous les jours pour (devenir très fort) en allemand.

_____

3 Choisissez l'expression à droite qui correspond à sa description à gauche. Utilisez l'**Enquête culturelle** pour trouver les réponses.

_____ 1. C'est l'examen nécessaire pour continuer ses études à l'université.

_____ 2. Elle est née en Pologne.

_____ 3. Ce sont les universités françaises.

_____ 4. C'est un acteur qui est très célèbre.

_____ 5. Ils veulent changer le système scolaire.

_____ 6. Avec sa femme il a découvert la radioactivité.

_____ 7. C'est une actrice qui a joué dans le film *La Reine Margot*.

a. Marie Curie

b. Isabelle Adjani

c. les facs

d. Gérard Depardieu

e. les étudiants

f. le bac

g. Pierre Curie

4 Vous êtes écrivain pour l'annuaire (*yearbook*) de votre école. Avec votre copine Martine, vous compilez les résultats d'une enquête des élèves en terminale. Posez des questions à Martine sur ce qu'ils ont écrit. Suivez les modèles.

Modèles: Chloé va être <u>chanteuse</u>.

Qu'est-ce que Chloé va être?

<u>Frédéric</u> veut devenir vétérinaire.

Qui veut devenir vétérinaire? / Qui est-ce qui veut devenir vétérinaire?

<u>Le théâtre</u> intéresse Florence.

Qu'est-ce qui intéresse Florence?

Théo pense à <u>se perfectionner en musique</u>.

À quoi est-ce que Théo pense?

1. Gabriel veut être <u>acteur</u>.

   _____

2. <u>Le cinéma</u> intéresse Roger.

   _____

3. <u>Sabrina</u> va devenir femme politique.

   _____

4. Olivier pense étudier avec <u>Marcel Marceau</u>.

   _____

5. <u>L'informatique</u> intéresse Khadim.

   _____

6. Laure et Saleh veulent être <u>chanteuses</u>.

   _____

7. Pierre a besoin de <u>continuer ses études</u>.

   _____

8. <u>Robert</u> va devenir pompier.

   _____

9. Il n'a pas besoin d'<u>aller à l'université</u>.

   _____

10. <u>Agnès</u> va être secrétaire.

    _____

11. <u>Les sciences</u> intéressent Élisabeth.

    _____

12. Antoine et Édouard parlent d'<u>être athlètes</u>.

    _____

5 Valérie, Isabelle, Gérard et Marie-Alix sont en train de parler de leurs copains. Remplissez les blancs avec la forme convenable de **croire**.

— Je _____ qu'Abdoul va devenir médecin.

— Et Jérémy? Il veut être metteur en scène, n'est-ce pas?

— Tu _____? Ses parents _____ qu'il doit aller à l'université. Ils _____ qu'il doit étudier les sciences. Son prof de chimie _____ qu'il doit être chercheur scientifique.

— Mais Jérémy est formidable comme acteur! Gérard et Marie-Alix, que _____-vous? Vous _____ que Jérémy va être content comme chercheur?

— Je _____ que non.

— Nous _____ qu'il va devenir un metteur en scène célèbre!

— Mais sa sœur m'a dit qu'il allait commencer ses études en sciences à l'université en septembre.

— Elle me l'a dit aussi, mais je ne l'_____ pas _____.

Leçon B

6 | Indiquez l'ordre chronologique des événements (*events*) suivants dans l'histoire de Jeanne d'Arc. Numérotez (*number*) les phrases de "1" à "11."

_____ On a vendu Jeanne aux Anglais.

_____ Jeanne a entendu des voix qui lui ont dit d'aller aider Charles VII.

_____ Charles est devenu roi.

_____ Jeanne est née.

_____ Jeanne a délivré la ville d'Orléans des Anglais.

_____ Les Anglais l'ont brûlée.

_____ Charles ne voulait pas accepter son aide.

_____ Jeanne d'Arc est devenue sainte.

_____ Jeanne avait 13 ans.

_____ Jeanne a offert de l'aide à Charles.

_____ La guerre de Cent Ans a commencé.

7 | Répondez aux questions suivantes d'après l'**Enquête culturelle**.

1. Qui a reçu sa liberté en 1598?

   _____

2. Qui était l'un des rois les plus populaires dans l'histoire de France?

   _____

3. Quelle ville est située sur la Seine au nord-ouest de Paris?

   _____

4. Quel artiste a reproduit la cathédrale gothique de Rouen dans ses beaux tableaux?

   _____

5. Quel est le nom de l'église qu'on a construite à Rouen en 1979?

   _____

6. Pendant la guerre de Cent Ans quel pays voulait contrôler le nord de la France?

   _____

   _____

8   Mme Dubois, qui est en voyage samedi, téléphone à son mari le matin et le soir. La deuxième fois qu'elle lui téléphone, elle lui demande ce que tout le monde a fait pendant la journée. Utilisez le **passé composé** et l'**imparfait** pour écrire chaque question qu'elle pose. Suivez le modèle.

Robert   André

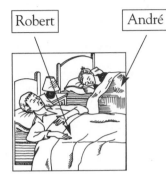

Modèle: 7h00 / tu / se réveiller

À 7h00, quand tu t'es réveillé, est-ce que Robert et André dormaient?

Robert

1.   7h30 / je / se lever

_____

_____

Mme Dubois   M. Dubois

2.   9h00 / Jacques / quitter la maison

_____

_____

M. Dubois

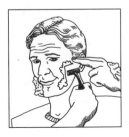

3.   9h10 / André / finir de s'habiller

_____

_____

Vanessa

4. 9h15 / André et toi / s'asseoir pour prendre le petit déjeuner

_____

_____

M. Dubois   André

5. 9h45 / Véronique et Louise / partir à la maison de Jeannette

_____

_____

Robert

6. 11h00 / tu / finir de tondre la pelouse

_____

_____

M. Dubois

7. 12h30 / Véronique et Jacques / revenir

_____

_____

9 | Savez-vous qui était le premier héros français? On dit que c'est Vercingétorix, le chef (*leader*) des Gaulois contre (*against*) Jules César. Complétez les phrases avec l'**imparfait** ou le **passé composé** du verbe indiqué pour apprendre un peu sur lui.

Vercingétorix _____ (naître) dans le pays des Arvernes, en l'an 72 avant Jésus-Christ. Les gens qui _____ (habiter) la Gaule, ou la France, _____ (être) les Gaulois. Comme beaucoup de Gaulois, Vercingétorix ne _____ (connaître) pas bien les autres pays. En l'an 52 avant Jésus-Christ, Jules César et son armée _____ (arriver) dans le pays des Arvernes. Ils _____ (penser) à le prendre mais Vercingétorix ne _____ (vouloir) pas donner son pays à Jules César. Vercingétorix _____ (demander) aux autres Gaulois de faire la guerre. Mais ils _____ (perdre) la ville de Gergovie. Vercingétorix ne _____ (vouloir) pas donner son pays à César, mais ses hommes _____ (avoir) faim. Quand le dernier jour _____ (arriver), il _____ (mettre) ses plus beaux vêtements et il _____ (aller) à Jules César pour lui donner son pays et terminer la guerre. Jules César _____ (prendre) Vercingétorix et l'_____ (emmener) à Rome où il _____ (mourir) six ans plus tard. Vercingétorix _____ (devenir) le premier héros national français.

10 Écrivez la lettre de la description à droite dans le blanc convenable d'après la **Mise au point sur... des gens célèbres du monde francophone.**

_____ 1. Charles de Gaulle

_____ 2. Coco Chanel

_____ 3. creativity, independence, wit

_____ 4. François Truffaut

_____ 5. **hôtel des Invalides**

_____ 6. Jacques Chirac

_____ 7. Jean Galfione

_____ 8. *L'École des femmes*

_____ 9. **L'état, c'est moi.**

_____ 10. *Le Bourgeois gentilhomme*

_____ 11. Legion of Honor

_____ 12. *Les Misérables*

_____ 13. Louis Pasteur

_____ 14. Louis XIV

_____ 15. Marie-José Pérec

_____ 16. Molière

_____ 17. Napoléon I

_____ 18. *Notre-Dame de Paris*

_____ 19. pasteurization

_____ 20. Surya Bonaly

_____ 21. *Tartuffe*

_____ 22. vaccination

_____ 23. Victor Hugo

_____ 24. Waterloo

a. a novel about Jean Valjean, who struggles to lead an honest life

b. allows patients to develop a resistance to microbes

c. a play that criticized the lack of education given to young women

d. crowned himself emperor

e. the current resident of the Élysée Palace

f. the battle at the end of the "Hundred Days"

g. won two gold medals in the 1996 Olympic Games

h. a famous French pole vaulter

i. **le Roi-Soleil**, who reigned for 72 years

j. the leader of the French Resistance against Germany

k. a love story about Quasimodo, a deformed bell ringer

l. a play that satirized religious hypocrisy

m. a novelist, playwright and poet of the romantic movement

n. one of the leading **nouvelle vague** film directors

o. one of the most influential designers of the 20th century

p. a play that poked fun at social conventions and human nature

q. qualities valued by the French

r. the final resting place of Napoléon I

s. rewards military and civil excellence

t. satirized 17th century French society in his comedies

u. how Louis XIV described himself

v. the application of controlled heat to preserve liquids

w. the founder of microbiology

x. a world-class figure skater

11 Jeannette et Lydie regardent les petites annonces (*personal ads*) dans le journal pour s'amuser. Trouvez la petite annonce qu'elles décrivent et écrivez le nom de la personne ou son numéro de référence dans le blanc.

■ **Sylvie, 27 ans, célibataire,** médecin, cultivée, douce, sensuelle, elle aime la littérature, la musique, les arts. Extrêmement intéressante elle est à la recherche de la tendresse et d'un amour partagé dans l'échange et le dialogue. **Réf. 2.**

■ **Bel homme, 36 ans, veuf, directeur commercial,** très bien sur tous les plans, de l'humour, très intuitif, de la personnalité, sa fillette sera heureuse comme lui, si vous avez des enfants. Il vous espère agréable, bon niveau de culture. **Réf. 14.**

■ **Souriante, intelligente, active, niveau supérieur, âgée de 60 ans,** veuve, elle aime les hommes cultivés, équilibrés, câlins, aimant voyager et bricoler. **Réf. 9.**

■ **Petite fille de 5 ans cherche papa gâteau** pour câlins partagés et un compagnon d'amour pour sa très jolie maman qui est courageuse, vaillante, franche. Elle a 25 ans. **Réf. 316**

■ **Célibataire, 34 ans,** fonctionnaire, sérieux, sensible, sportif, s'intéressant à beaucoup de choses, souhaite union dans la tendresse, la passion, son but: une vie de couple réussie. **Réf. 151.**

■ **Elle a l'éducation,** la simplicité, la courtoisie: Claire, 57 ans, est une dame sensible qui aime la nature, les longues promenades, les dialogues profonds; retraitée secrétaire de direction, veuve, elle désire Monsieur, une vie sereine dans la tendresse. **Réf. 78.**

Jeannette: Trouvons quelqu'un pour mon oncle Pierre. Il cherche une dame sérieuse.

Lydie: Voici une dame sérieuse qui aime lire et qui aime la musique. De plus, elle a une bonne profession. _____

Jeannette: Non, elle est beaucoup trop jeune! Mon oncle a soixante ans.

Lydie: Bien. Voici une dame de son âge. Elle est intelligente et active, et elle aime voyager. _____

Jeannette: Possible. Mais il est moins actif maintenant et il n'aime plus voyager.

Lydie: Dommage! Elle semble intéressante.

Jeannette: Voilà! Regarde! Cette dame est parfaite pour lui!

Lydie: Qui? Elle? Oui, elle est polie et semble assez sérieuse.

Jeannette: Oui, et elle a beaucoup étudié. _____

Lydie: D'accord. Bien. Maintenant qui est-ce qu'on peut trouver?

Jeannette: Je sais! Notre prof de français! Elle est très aimable.

Lydie: Elle a quel âge?

Jeannette: Je crois qu'elle a trente-deux, trente-trois ans, peut-être.

Lydie: Voilà un homme de trente-quatre ans.

Jeannette: Non, pas lui. Il semble trop sérieux. Je la vois avec quelqu'un qui est très amusant.
            _____

Lydie: Regarde! C'est lui, n'est-ce pas? Il est beau. Il semble content et amusant et il a de la
            personnalité. De plus, il a une petite fille. _____

Jeannette: Oui, Mademoiselle Desrosiers adore les enfants! C'est parfait! On a trouvé
            quelqu'un pour oncle Pierre et pour Mademoiselle Desrosiers. Ton frère, alors.
            Il vient de finir ses études en sciences, n'est-ce pas?

Lydie: Oui, et lui aussi, il veut une femme qui est amusante et courageuse.

Jeannette: Voici une jeune femme de son âge qui est courageuse. _____

Lydie: Mais elle a déjà un enfant. Mon frère n'est pas prêt à être papa.

Jeannette: Tant pis!

---

12 Répondez aux questions d'après le dialogue.

1. Comment est-ce que Delphine connaît Sabrina et Laïla?

    _____

2. Comment est la chambre de Delphine, selon Sabrina?

    _____

3. Qu'est-ce que Delphine regardait?

    _____

4. Comment sont les chansons de Patricia Kaas, d'après Delphine?

    _____

5. Est-ce que Delphine pense que la vie de Patricia Kaas est dure?

    _____

6. Où est-ce que Patricia Kaas est allée en tournée?

    _____

7. Où est-elle maintenant?

    _____

8. De qui est-ce que Laïla est une fana?

    _____

    _____

9. Et Sabrina, qui est-ce qu'elle admire surtout?

_____

10. Qu'est-ce qu'elle adore regarder?

_____

13 Qui est-ce? Lisez l'**Enquête culturelle**. Puis décidez si la phrase décrit Patricia Kaas, Maryse Condé ou Éric Cantona.

1. C'est un grand champion de foot. _____

2. Elle est née en Alsace. _____

3. Elle a écrit le roman _Moi, Tituba, sorcière Noire de Salem._ _____

4. Elle est née à Pointe-à-Pitre. _____

5. Elle a commencé sa carrière quand elle avait 13 ans. _____

6. Elle a reçu le Prix littéraire de la Femme. _____

7. C'est une chanteuse populaire. _____

8. C'est un athlète courageux. _____

14 Complétez les blancs avec les formes convenables du verbe **vivre**. Puis écrivez les lettres encerclées pour apprendre un slogan célèbre! Deux des lettres sont déjà encerclées.

1. Je ◯__ __ avec mes parents.

2. Est-ce que tu __◯__ près de l'école?

3. Nous __ __◯__ __ __ aux États-Unis.

4. Où est-ce que vous __ __ __◯__?

5. Éric Cantona? I◯ ne __ __ __ plus en France.

6. M. Cantona◯ __ __ __ __ en France quand il jouait au foot pour Marseille.

7. La chanteuse Patricia Kaas __ __ __ en ◯rance.

8. Il faut manger pour __ __ __◯__!

9. Est-ce que tu ◯__ déjà __ __ __ __ en Europe?

10. Vincent Van Gogh, Pablo Picasso et Marc Chagall sont des artistes qui __◯__ __ __ __ __ en France.

11. La chanteuse Édith Piaf __ __ __◯__ toute sa vie en France.

12. Aujourd'hui beaucoup de gens célèbres __ __ __◯__ __ en Suisse parce qu'on __ __ __ bien là-bas.

Voilà le slogan: __ __ __ __ __ __ __ __ __ __ __ __!

15 | Lisez la liste suivante des pièces (*plays*) à Paris et puis répondez aux questions. Utilisez le pronom *y* dans vos réponses pour remplacer les phrases soulignées.

Lucernaire Centre National d'Art et d'Essai

53, rue Notre Dame des Champs (6ᵉ). 01.45.44.57.34. Mᵒ Vavin et Notre Dame des Champs. Salles climatisées. Loc. de 14h00 à 19h00. Loc. tél. par carte bleue de 9h00 à 17h00. Pl : 21,34 ou 17,99 €; TR : 12,81 ou 10,82€. Relâche Dim. **Salles climatisées.**

Théâtre Noir (130 places).
À 18h45. À 18h30 jusqu'au 7 août. Relâche du 8 au 15 août, sauf le 9 août :
Le petit prince
D'Antoine de Saint-Exupéry. Adaptation et mise en scène Jacques Ardouin. Avec en alternance (les adultes) : Guy Gravis, David Clair, Jacques Ardouin, Frédéric Roger, Daniel Royan, Pascal Perréon - (Les enfants) : Patrice Fay, Damien Morineaux, Julien le Stum, Benjamin Rotenberg, Grégoire Hiesse, Damien Bellet, Julien Salabelle, Raphaël Rueb.
Récit d'Antoine de Saint-Exupéry, où se mêlent au merveilleux, la connaissance délicate des relations que créent l'amour et l'amitié. Un texte universel, symbole de paix.

À 20h00. Relâche jusqu'au 6 août inclus :
Feu la mère de Madame!
De Georges Feydeau. Mise en scène Jean-Marc Brondolo. Avec Diane Pierens, Philippe Herisson, Valérie Lacombe, Dominique Thomas.
Une délirante comédie de Georges Feydeau, en noir et blanc, rendant ainsi hommage au cinéma muet. Une des pièces les plus connues de l'auteur.

À 21h30 :
Le rire de Tchekhov (L'ours et La demande en mariage)
Deux comédies en un acte d'Anton Tchekhov.

Mise en scène Pavel Khomsky. Avec Robert Delarue, Joseph Malerba, Beata Nilska.
Pavel Khomsky, principal metteur en scène du Théâtre Académique de Moscou, le Mossoviet, met en scène deux comédies très connues de Tchekhov : « L'Ours » et « La demande en mariage ».

Théâtre Rouge (130 places).
À 18h00 :
Beréshit (Genèse)
D'André Chouraqui. Adaptation et mise en scène Marc Normant. Genèse contée par Marc Normant. De la Création à Noé, d'Abraham à Jacob, la formidable histoire émouvante et drôle de nos racines portée au théâtre.

À 20h00 :
Adieu Monsieur Tchekhov
De Céline Monsarrat. Mise en scène Michel Papineschi. Avec Michel Papineschi, Bertrand Metraux, Vincent Violette, Céline Monsarrat, Anie Balestra.
À Yalta entre 1899 et 1904, nous assistons aux dernières années de la vie de Tchekhov entouré de sa sœur Marie, de sa femme Olga, de ses amis Bounine et Gorki. Tchekhov, la Passion dépassionnée... l'Enchanteur désenchanté...

À 21h30. À partir du 12 août :
Le Bestiaire
De et par Daniel L'Homond.
Daniel L'Homond, un conteur pas comme les autres, conjugue le fantastique au quotidien avec l'accent du terroir. Un grand souffle parcourt le « Bestiaire », et fait de son auteur la révélation d'un talent exceptionnel.

Modèle: Est-ce qu'on trouve plus d'un théâtre <u>dans ce centre</u>?

Oui, on y trouve deux théâtres.

1. Est-ce qu'on peut téléphoner <u>au centre</u> pour réserver des places?

_____

2. À quelle heure est-ce qu'on voit *Le petit prince* <u>au Théâtre Noir</u> le 20 août?

_____

3. Qu'est-ce qu'on voit <u>au Théâtre Noir</u> à 20h00?

_____

4. Quels acteurs et quelles actrices jouent <u>dans *Le rire de Tchekhov*</u>?

_____

5. À quelle heure est-ce qu'on doit être assis <u>dans sa place</u> pour voir *Adieu Monsieur Tchekhov*?

_____

6. Dans *Adieu Monsieur Tchekhov*, est-ce qu'on est <u>à Moscou</u>?

_____

7. Est-ce que vous allez souvent <u>au théâtre</u>?

_____

8. Est-ce que vous voulez aller <u>au théâtre à Paris</u>?

_____

---

16 | **A.** In one of Marcel Pagnol's autobiographical novels, *Le Temps des secrets*, he describes his first crush at the age of ten. To better understand the story and to predict what will happen later on, analyze what there is about this girl that makes her so appealing to Marcel. In the first column of the chart on page 170 are several of Marcel's observations about the girl. In the second column, copy sentences or parts of sentences from the story that support each of these observations. The first sentence is done for you.

C'ÉTAIT une fille de mon âge, mais qui ne ressemblait en rien à celles que j'avais connues. . . . ...
Immobile et silencieuse, elle me regardait toute pâle; ses yeux étaient immenses, et violets comme ses iris.
Elle ne paraissait ni effrayée ni surprise, mais elle ne souriait pas, et elle ne disait rien, aussi mystérieuse qu'une fée dans un tableau.
Je fis un pas vers elle: elle sauta légèrement sur le tapis de thym.
Elle n'était pas plus grande que moi, et je vis que ce n'était pas une fée, car elle avait aux pieds des sandales blanches et bleues comme les miennes.
Sérieuse, et le menton levé, elle me demanda:
—Quel est le chemin qui mène aux Bellons?

Elle avait une jolie voix, toute claire, une espèce d'accent pointu, comme les vendeuses des Nouvelles Galeries, et ses larges yeux étaient rigoureusement pareils.
Je répondis aussitôt:
—Tu t'es perdue?
Elle fit un pas en arrière, en me regardant à travers ses fleurs.
—Oui, dit-elle, je me suis perdue, mais ce n'est pas une raison pour me tutoyer. Je ne suis pas une paysanne.
Je la trouvai bien prétentieuse, et j'en conclus qu'elle était riche, ce qui me parut confirmé par la propreté et l'éclat de ses vêtements.
Ses chaussettes blanches étaient bien tirées, sa robe bleue brillait comme du satin, et je vis, à travers ses fleurs, qu'elle portait autour du cou une petite chaîne d'or qui soutenait une médaille.

© Éditions Bernard de Fallois

Marcel's Observations	Sentences to Support Observations
What he finds attractive about the girl's appearance	... qui ne ressemblait en rien à celles que j'avais connues....
What other characteristics he notices	

B. After completing the chart in Activity 16A, write a paragraph in which you make a prediction about how their first meeting will end. Will Marcel simply give her directions to her destination? Will he take her there? Will they ever see each other again? What will their relationship be like in the future?

_____

_____

_____

_____

_____

_____

_____

_____

_____

_____

_____

_____

Unité 10   *Notre monde*

Leçon A

1 Utilisez le nouveau vocabulaire de cette leçon qui se réfère aux pays et aux nationalités pour remplir les blancs.

1. _____ est un petit pays au sud de la France. Au moment de son mariage à Rainier III, l'actrice américaine Grace Kelly est devenue _____. Leurs enfants, bien sûr, sont _____.

2. L'artiste Paul Gauguin a voyagé à _____. Là, il a fait des tableaux de femmes _____. Ses tableaux _____ sont célèbres.

3. Le _____ est un pays à l'ouest de l'Afrique. Pour préparer des plats _____, on utilise des fruits, comme les bananes _____. Le café _____ est très bon aussi.

4. _____ est un pays dans une île près des États-Unis. Les tableaux _____ sont beaux et célèbres, et la musique _____ est intéressante.

5. Au sud d'Haïti, il y a deux îles qui font la _____. Les plages _____ sont très belles, mais quand on parle du temps _____, il faut dire qu'il peut faire du soleil mais il pleut souvent.

6. Si on voyage au sud de la Guadeloupe, on arrive à la _____. Aimé Césaire est un écrivain _____ qui écrit sur la vie _____ et sur la vie des gens noirs.

7. Les hommes et les femmes qui habitent en _____, un petit pays près de la Martinique mais qui n'est pas une île, ont la nationalité française.

8. _____ est une grande île près de l'Afrique. On dit que les voyageurs aiment bien cette île. Les vues sur la mer et les plages _____ sont formidables. Les plats _____ sont bons.

2 | Encerclez le mot ou l'expression convenable entre parenthèses d'après le dialogue.

1. Avant de déménager à la Martinique, Frédéric habitait (à Tahiti) (en Haïti).

2. Nadia travaille comme (cuisinière) (serveuse) au restaurant de ses parents.

3. Frédéric vient au restaurant (pour déjeuner) (pour prendre le dîner).

4. Il (aime bien) (ne connaît pas) la cuisine martiniquaise.

5. Il demande (du coq au vin) (des coquilles Saint-Jacques au curry).

6. Nadia adore (danser) (faire de la plongée sous-marine).

7. Frédéric l'invite à sortir (à la plage) (en boîte).

8. Elle (accepte) (n'accepte pas) de sortir avec lui.

9. Nadia ne veut pas rentrer (tôt) (tard).

3 | Répondez aux questions suivantes d'après l'**Enquête culturelle**.

1. Dans quel océan est Tahiti?

_____

2. Est-ce que Tahiti est une colonie française aujourd'hui?

_____

_____

3. Qu'est-ce que les Tahitiens cultivent?

_____

4. Comment est-ce que les lycées reçoivent souvent leur nom dans le monde francophone?

_____

5. Qui était Victor Schœlcher?

_____

_____

6. Pourquoi est-ce qu'il y a un peu de tout dans la cuisine martiniquaise?

_____

_____

_____

7. Comment est-ce qu'on prépare souvent les coquilles Saint-Jacques à la Martinique?

_____

_____

4 Paul vient de recevoir une invitation à passer un mois à la Guadeloupe chez la famille de la camarade de chambre de sa sœur, qui a un frère de son âge. Paul n'a pas encore décidé quoi faire et il parle avec son ami Francis et avec sa sœur Christine. Remplissez les blancs avec les verbes convenables au **conditionnel** qui sont dans la grille. On vous a donné la première lettre de chaque verbe.

```
N  R  A  I  S  N  O  I  R  E  S  S  A  P  Z  B  O  V
A  V  O  Y  A  G  E  R  I  O  N  S  S  A  F  M  P  T
O  S  N  O  I  R  E  S  N  A  D  P  U  E  T  A  O  I
B  S  I  A  R  E  T  S  E  R  E  R  R  Y  I  N  U  A
A  S  S  H  C  P  E  U  T  N  A  A  D  D  A  G  R  R
I  I  T  V  P  O  E  G  S  I  I  X  B  G  R  E  R  E
S  A  N  V  N  W  M  E  S  T  S  P  Q  R  D  R  A  S
I  R  B  R  H  E  R  M  A  A  S  N  M  U  U  I  I  B
S  R  V  C  R  A  D  S  E  I  U  I  O  F  A  O  S  R
I  U  E  U  I  I  E  L  S  N  D  R  A  I  F  N  S  N
A  O  D  E  R  R  Z  B  I  E  C  E  A  R  R  S  I  E
R  P  N  A  A  E  L  I  Z  F  R  E  R  I  E  I  A  P
V  T  I  I  I  M  M  R  H  I  B  A  R  A  S  F  R  O
E  S  S  R  A  I  M  E  R  A  I  S  I  A  I  C  R  H
D  D  E  S  N  O  I  R  R  E  V  N  E  T  I  T  E  D
P  S  G  M  S  N  O  I  R  E  R  T  N  E  R  S  V  A
A  S  I  A  R  V  E  D  M  A  U  R  A  I  S  N  E  R
```

Paul: Je ne sais pas si je _____d_____ aller à la Martinique.

Francis: Mais pourquoi pas? Moi, j'_____a_____ bien y passer du temps!

Paul: Mais j'allais travailler cet été pour avoir de l'argent pour l'université.

Christine: Écoute, tu _____p_____ y aller au mois de juillet, puis tu _____a_____ tout le mois d'août pour travailler. Tu _____d_____ être très content! Tu n'_____a_____ pas peur de voyager? C'est ça, n'est-ce pas?

Paul: Je ne connais pas du tout la famille Lambert. Je ne _____s_____ pas quoi leur dire. Est-ce que Claire _____s_____ là?

Christine: En été? Oui, et elle t'_____a_____.

Paul: Et puis je ne _____v_____ pas mes amis pendant un mois.

C'EST À TOI!
Level Two

Francis: Quoi? Tu ___r___ ici juste pour être avec tes amis? Tiens! J'ai une idée.
Je ___p___ aller avec toi. Nous ___p___ les journées à la plage.
Nous ___m___ des fruits de mer au curry. Nous ___i___
en boîte chaque soir. Nous ___d___ avec des filles martiniquaises.
Nous ___r___ quand nous voulions. Et nous ___e___
des cartes postales à tous nos amis.

Paul: Ça ___s___ formidable! Puis nous ___v___ ensemble à la
Guadeloupe et peut-être en Guyane française aussi.

Christine: Mais vous ne pouvez pas faire ça! Vous ne pensez jamais aux autres! Et vous
ne ___s___ pas du tout polis! Et les Lambert? Que ___p___-ils?
Ils sont très généreux, Paul. À ta place, je leur ___d___ que ça me
___f___ beaucoup de plaisir de passer du temps chez eux. Puis je
___f___ des réservations d'avion. Enfin je ___c___ à mettre
toutes les choses qu'il ___f___ avoir avec moi à la Martinique dans ma
valise. Et je ___s___ très heureuse!

---

5 | Claudette et sa sœur Joëlle vont chez leur tante Madeleine pour lui demander ses idées sur un cadeau à offrir à leurs parents pour leur anniversaire de mariage. Mettez les verbes entre parenthèses à la forme convenable du **conditionnel** pour remplir les blancs.

Tante Madeleine: Bonjour! Quelle bonne surprise! Entrez donc! Asseyez-vous!
_____ (vouloir)-vous quelque chose à boire?

Joëlle: J'_____ (aimer) bien, merci. _____ (avoir)-tu du café?

Tante Madeleine: Oui, bien sûr!

Claudette: Moi aussi, je _____ (vouloir) du café.

Tante Madeleine: Vous l'_____ (aimer) avec lait?

Joëlle: Oui, s'il te plaît, pour Claudette et moi.

Tante Madeleine: Alors, qu'est-ce que je peux faire pour vous?

Joëlle: Nous _____ (vouloir) te demander, à notre place,
qu'est-ce que tu _____ (faire) pour maman et papa?

Tante Madeleine: Ta mère _____ (aimer) une nouvelle montre.

Claudette: Ça _____ (coûter) trop. Et puis, qu'est-ce qu'on _____
(offrir) à papa?

Tante Madeleine: D'accord. Ils n'_____ (avoir) pas besoin de quelque chose pour
la maison?

Joëlle: Je crois que non.

Tante Madeleine: Oh, voilà! Je sais! À votre place, je _____ (choisir) un bon
restaurant, puis je les y _____ (emmener).

Non, non. Je _____ (faire) des réservations à un bon restaurant, puis je leur _____ (donner) l'argent pour le repas et je les y _____ (envoyer).

Claudette: Et quand ils _____ (être) au restaurant, nous _____ (faire) le ménage dans toute la maison. Et puis, nous _____ (mettre) un vase de jolies fleurs sur la table dans la salle à manger avec une belle carte.

Tante Madeleine: Et vous _____ (pouvoir) leur laisser un message que vous allez dormir chez votre tante favorite.

Joëlle: Parfait! Merci! Je savais que tu _____ (avoir) de bonnes idées!

---

6 Votre cousin vous a envoyé une carte postale de Tahiti. Mais il a mélangé (*mixed up*) les mots pour être drôle. Mettez les mots dans l'ordre convenable et récrivez les phrases.

1. avons déjà trois nous jours ici passé
2. petit nous allés dans hier soir un restaurant la plage près sommes de
3. mangé des au curry coquilles j'ai Saint-Jacques enfin
4. fruits de mer j'ai mangé des souvent
5. et ai toujours je aimés les
6. j'ai mangé bien
7. mangé j'ai beaucoup
8. j'ai franchement mangé trop
9. après un naturellement dormi mal grand repas j'ai comme ça

1. _____
2. _____
3. _____
4. _____
5. _____
6. _____
7. _____
8. _____
9. _____

Leçon B

7 Vous faites une liste des membres du club international de votre lycée. Écrivez le continent d'où ils viennent, et puis utilisez l'adjectif qui correspond à leur continent pour les décrire.

1. a. Jean-Guy est de Montréal. Jennifer est de Seattle. Ils viennent

   d'_____.

   b. Jacques est guyanais. Il vient d'_____.

   c. Jennifer est _____.

   d. Jacques est _____.

2. a. Tuan est vietnamien. Son amie Kiko vient du Japon. Ils viennent d'_____.

   b. Tuan est _____.

   c. Kiko est _____.

3. a. Yasmine vient de Tunisie. Mohamed vient du Maroc. Ils viennent d'_____.

   b. Yasmine est _____.

   c. Mohamed est _____.

4. a. Josette est belge. Jean-Michel est suisse. Ils viennent d'_____.

   b. Josette est _____.

   c. Jean-Michel est _____.

5. a. Patrick est de Sydney. Katy est de Melbourne. Ils viennent d'_____.

   b. Patrick est _____.

   c. Katy est _____.

8 | Complétez les mots croisés avec les mots ou les expressions du dialogue. Écrivez vos réponses dans les blancs.

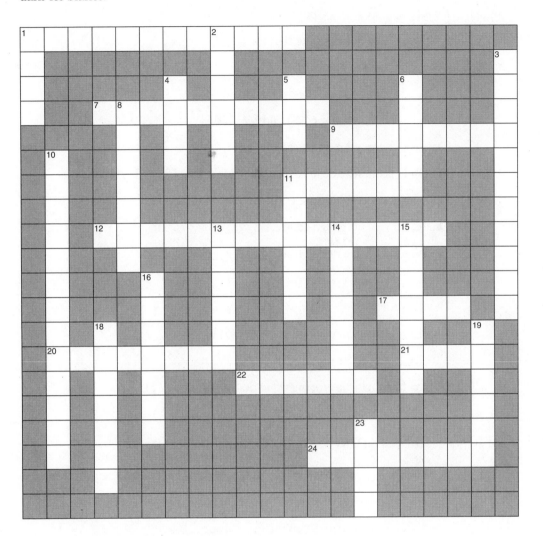

1. Benjamin vient de réussir à son ___5 V___ .

2. Une ___6 V___ est plus grande qu'un village.

3. Quand on skie sur l'eau, on fait du ___3 V___ .

4. La France, les États-Unis et le Japon sont des ___4 V___ .

5. ___7 H___ est une île au sud-est de l'Afrique.

6. La Guyane française est en ___10 V___ .

7. Il y a de belles ___11 V___ en Guyane française.

8. Le Sénégal, la Tunisie et la République Démocratique du Congo sont en ___8 V___ .

9. Si on ___21 H___ quelqu'un, on est là quand la personne a besoin de quelque chose.

10. Un pays __24 H__ est loin d'où on habite et il est quelquefois mystérieux.

11. Le __11 H__ est toujours dans l'avion pendant un vol.

12. Il faut avoir un __1 H__ pour voyager en avion.

13. Quelque chose qui ne coûte rien est __18 V__.

14. Les __14 V__ sont des amis.

15. La __22 H__ est un pays à l'est de la France.

16. L'année avant cette année est l'année __20 H__.

17. Quelque chose qui n'est pas moche est __1 V__.

18. Si on a la possibilité de faire quelque chose, on __17 H__ le faire.

19. Le __9 H__ est un grand lac entre la France et la Suisse.

20. Quand on va d'un pays à l'autre, on __2 V__.

21. La Belgique, l'Espagne et l'Italie sont en __13 V__.

22. Quand on fait son choix, on __16 V__.

23. La ville principale de la Suisse est __19 V__.

24. Le __15 V__ est un pays à l'ouest de l'Afrique.

25. On __23 V__ avec les yeux.

26. Le pays francophone en Amérique du Sud est la __12 H__.

---

9 | Répondez par **vrai** ou **faux** d'après l'**Enquête culturelle**.

_____ 1. Dans la classe de sixième au lycée, les élèves français se préparent pour le bac.

_____ 2. Les élèves choisissent le bac selon la carrière qui les intéresse.

_____ 3. Le bac est un examen facile.

_____ 4. La Guyane française est au sud-est de l'Afrique.

_____ 5. Cayenne est la capitale de la Guyane française.

_____ 6. Madagascar est une île dans l'océan Indien.

_____ 7. À Madagascar et en Guyane française, on cultive le riz, la canne à sucre et le tabac.

10 Indiquez vos opinions sur les différences entre les Français et les Américains.

Modèle: Qui prend le dîner plus tard le soir, les Français ou les Américains?

Les Français prennent le dîner plus tard le soir que les Américains.

1. Qui achète plus souvent du fromage, les familles françaises ou les familles américaines?

   _____

   _____

2. Qui boit moins souvent du vin au dîner, les familles françaises ou les familles américaines?

   _____

   _____

3. Qui joue moins souvent au foot, les ados français ou les ados américains?

   _____

   _____

4. Qui étudie plus sérieusement, les élèves français ou les élèves américains?

   _____

   _____

5. Qui fait moins souvent les devoirs, les élèves français ou les élèves américains?

   _____

   _____

6. Qui rentre plus tôt après les cours, les professeurs français ou les professeurs américains?

   _____

   _____

7. Qui parle plus vite, les Français ou les Américains?

   _____

   _____

8. Qui voyage plus aux autres pays, les Français ou les Américains?

   _____

   _____

11 Remplissez la grille d'après la **Mise au point sur... les pays francophones.**

	Senegal	Ivory Coast	Tahiti
Location			
Capital City			
Important Languages			
Year of Independence from France			
Major Products			
Important Historic or Contemporary Political / Economic Feature			

12 Indiquez l'océan ou la mer à droite qui est à côté de chaque région à gauche. Écrivez la lettre convenable dans le blanc.

_____ 1. Madagascar

_____ 2. l'Allemagne, l'Angleterre, la Belgique

_____ 3. l'Angleterre, le Canada, les États-Unis, la France

_____ 4. l'Angleterre, la France

_____ 5. le Canada, la Chine, les États-Unis, Tahiti

_____ 6. la Guadeloupe, Haïti, la Martinique

_____ 7. l'Algérie, la France, le Maroc, Monaco, la Tunisie

a. la Manche

b. la mer des Antilles

c. la mer du Nord

d. la mer Méditerranée

e. l'océan Atlantique

f. l'océan Indien

g. l'océan Pacifique

13 Indiquez si chaque phrase est vraie ou fausse d'après le dialogue. Si la phrase est fausse, corrigez-la.

1. Antonine, Martine et Nora voudraient passer les vacances de printemps à la montagne.

_____

_____

2. Elles ont envie de voyager en train.

_____

_____

3. Elles sont en train de parler de leur destination.

_____

_____

4. Antonine et Martine aiment faire du sport.

_____

_____

5. Les jeunes filles décident d'aller à une ville très loin de Chartres.

_____

_____

6. Étretat est sur la côte d'Azur.

_____

_____

7. Elles vont partir le premier jour des vacances.

_____

_____

8. Elles pensent qu'il ne va pas y avoir beaucoup de voyageurs en voiture.

_____

_____

14 Choisissez l'expression à droite qui correspond à sa description à gauche d'après l'**Enquête culturelle**. Écrivez la lettre convenable dans le blanc.

_____ 1. On dit que c'est le chef-d'œuvre de l'architecture gothique.

_____ 2. C'était à ce siècle qu'on a fini la cathédrale de Chartres.

_____ 3. Beaucoup de Français prennent leurs grandes vacances pendant un de ces deux mois.

_____ 4. Les jeunes Français en profitent pendant les vacances scolaires.

_____ 5. Elle a reçu son nom à cause de la couleur de l'eau de la mer Méditerranée.

_____ 6. Beaucoup d'Européens y viennent pour faire du surf et de la planche à voile.

_____ 7. Monet et Courbet ont fait de beaux tableaux de la côte près de cette ville.

a. Étretat

b. la cathédrale de Chartres

c. du soleil, du sport et de la campagne

d. XIIIᵉ

e. Biarritz

f. juillet ou août

g. la côte d'Azur

15 Vous cherchez un restaurant bon marché à Nice. Répondez aux questions en phrases complètes d'après la brochure. Remplacez les mots soulignés par **en**.

		🏷️ ☎️ FAX	CONFORT SPÉCIALITÉS	📍
✳️	Plus de 50€			
■	de 30 à 50€			
◆	de 25 à 30€			
●	de 15 à 25€			
▲	moins de 15€			
▲ F7	**PANINI CAFFE** 15, square Mérimée (face Palais des Festivals)	Snack-glacier Terrasse-Ambiance musicale *Saladerie, panini, tarterie, sandwicherie glaces, jus de fruits pressés*	22 +40 ter
▲	**PANORAMA** 50, La Croisette **Tél 04 92 99 70 00 - Fax 04 92 99 70 10**	Snack Terrasse panoramique	60
▲	**LE PETIT CARLTON** 93, rue d'Antibes **Tél 04 93 39 27 25**	Salades, plats du jour, viandes, pâtes Terrasse - Comptoir	90
▲	**QUICK HAMBURGER RESTAURANT** 53, rue d'Antibes - **Tél 04 93 38 83 80**	Hamburgers, salades, vente à emporter, desserts	180
▲ F7	**CAFÉTÉRIA RESTAURAMA** 1, Al. de la Liberté **Tél 04 93 39 39 21 Fax 04 93 39 26 37**	Cuisine traditionnelle - formule liberté Terrasse - Salon de thé - Glacier - Parking pantiero *Grand choix de hors-d'œuvres, viandes rouges, pâtes, couscous, poissons grillés, pâtisseries maison, glaces*	200 +200 ter
▲	**LE SPLENDID** 2, rue Jean Jaurès **Tél 04 93 38 34 96**	Brasserie - Terrasse - Musique Saladerie, pâtes, viandes et poissons grillés, desserts maison	60 +40 ter
▲ F8	**LA TARTERIE** 33, rue Bivouac Napoléon (face poste) **Tél 04 93 39 67 43**	Restauration rapide (fabrication maison) - Salon de thé Climatisé - Musique- Vente à emporter *Tartes salées: saumon, steak, confit d'oie, poissons, fromage et légumes et tartes aux fruits, salades et pizza*	50
▲	**LA THÉIÈRE** 18, rue de Cdt André **Tél 04 92 98 17 57**	Salon de thé - Brasserie - Ambiance familiale	35
●	**LE TRIOMPHE** 4, rue Jean Jaurès (face gare SNCF) **Tél 04 93 39 09 70**	Brasserie haut de gamme - Cuisine provençale et italienne. Climatisé - Terrasse - Cabaret tous les jeudis soirs	120 +20 ter

1. Est-ce qu'on peut prendre <u>du poisson</u> au Splendid?

_____

2. Combien <u>de restaurants</u> y a-t-il dans la rue d'Antibes?

_____

3. Est-ce que le Quick Hamburger Restaurant vend <u>des desserts</u>?

_____

4. À quels restaurants est-ce qu'il y a <u>de la musique</u>?

_____

5. Combien <u>de couverts</u> le Petit Carlton a-t-il?

_____

6. Est-ce que la Théière a plus <u>de places</u> que la Tarterie?

_____

7. Où peut-on manger <u>de la cuisine italienne</u>?

_____

8. Est-ce qu'on a beaucoup <u>de glaces</u> à la Cafétéria Restaurama?

_____

16 Regardez les horaires de trains pour aller de Paris à la côte d'Azur. Comparez les possibilités de trains et répondez aux questions suivantes. Dans vos réponses, identifiez les trains par leurs numéros.

Paris/Île de France → Valence → Avignon → Marseille → Nice

N° du TGV		803	815	535	819	823	543	835	837	839(1)	841
Restauration		🍽	🍽(4)						🍽(5)	🍽(6)	(7)
PARIS GARE DE LYON	D	6.54	12.06		13.20	14.27		17.42	18.32	19.51	23.02
Aéroport Charles de Gaulle TGV	D			13.13			17.05				
Marne la Vallée Chessy 🐭	D						17.19				
Le Creusot TGV	A				14.45						
Satolas TGV	A			15.10						21.50	
Valence	A	9.21		15.43			19.57		20.57	22.24	
Montélimar	A	9.43					a 20.47			22.47	
Orange	A	a 10.31		j 17.22			a 21.20				
Avignon	A	10.21	15.29	16.39	16.44		20.53	21.02	21.53	23.25	
Arles	A	f 11.15		g 17.20	g 17.20				f 22.27		
Marseille	A	11.31	16.25	17.36	17.39	18.36	21.53	21.57	22.50		
Toulon	A	c 12.50	c 17.21	c 18.29	d 18.54	19.21	c 22.51	22.45	c 0.13		5.03
Hyères	A		d 18.09								
Saint-Raphaël	A	c 13.44	c 18.09	c 19.25		c 20.30	c 23.45	c 23.45			5.59
Cannes	A	c 14.13	c 18.33	c 19.49		c 20.55	c 0.09	c 0.09			6.24
Antibes	A	c 14.25	c 18.43	c 20.01		c 21.07	c 0.21	c 0.21			6.37
Nice	A	c 14.44	c 19.00	c 20.19		c 21.28	c 0.38	c 0.38			7.00
Monaco	A										
Menton	A										
Ventimiglia	A										

(HORAIRES)

1. Quel train part le plus tard de Paris?

_____

2. Quel train part le plus tôt de Paris?

_____

3. Quels trains arrivent le plus tard le soir à Saint-Raphaël?

_____

4. Quel train arrive le plus tôt le matin à Valence?

_____

5. Quel train va de la gare de Lyon à Marseille le plus rapidement?

   _____

   _____

6. Quel train va de l'aéroport Roissy–Charles de Gaulle à Valence le plus rapidement?

   _____

   _____

7. Le voyageur qui n'aime pas du tout passer la journée dans le train voyagerait le mieux dans quel train?

   _____

   _____

17 Heinrich Heine (1797–1856), sometimes called "the German poet who chose France," wrote the poem that follows as he was about to return to his homeland after being gone for 13 years. As you read the poem, notice how the poet uses personification to intensify his feelings of nostalgia. Then answer the questions that follow the poem.

Adieu Paris...
(extrait)

Adieu, Paris ma chère ville
Il nous faut donc nous séparer.
Je te laisse en belle abondance
De joie, de plaisirs, de délices.

Le cœur allemand dans ma poitrine
S'est soudain mis à souffrir.
Le seul docteur qui me le puisse guérir
Habite chez moi là-bas vers le Nord.

Adieu, Français, peuple gai,
Adieu, adieu, mes joyeux frères,
La nostalgie me pousse, insensée,
Mais très bientôt je reviendrai....

Poète d'aujourd hui, © Seghers

1. What does Heine feel about the city he is leaving?

    _____

    _____

2. How does he use personification to enrich the expression of his feelings?

    _____

    _____

    _____

    _____

3. What reasons does he offer for his decision to leave Paris? Identify two examples of personification that intensify the representation of his reasons.

    _____

    _____

    _____

    _____

4. What does Heine feel about the French people in general?

    _____

    _____

5. How does the poet once again explain his decision to leave France temporarily?

    _____

    _____

    _____

6. According to the poem, does Heine intend to be gone for a long or short period of time? Based on the feelings he has expressed in the poem, how do you explain this?

    _____

    _____

    _____

    _____

7. Compare the feelings of Heine with those that you yourself have experienced when you have been away from your home or family for an extended period of time. Were your feelings similar to his or different?

    _____

    _____

    _____

    _____

Unité 11   La France contemporaine

1 | Complétez chaque blanc avec la lettre du problème contemporain convenable.

_____ 1. Un ___ est une personne qui n'a pas de maison.

_____ 2. La ___ est le problème des gens qui n'ont rien à manger.

_____ 3. D'après beaucoup de gens, l'___ n'est pas bonne pour l'environnement.

_____ 4. Quand on n'a pas de travail, c'est un problème. C'est le ___.

_____ 5. Quand deux pays ont des problèmes sérieux, quelquefois ils font la ___.

_____ 6. On voit souvent le médecin quand on a une ___.

_____ 7. Quelquefois on a peur du ___ à l'aéroport.

_____ 8. L'___ nous aide à réussir dans la vie.

_____ 9. L' ___ est un problème pour les gens qui boivent trop.

_____10. La ___ est un problème pour beaucoup d'ados.

a. maladie

b. guerre

c. chômage

d. drogue

e. alcoolisme

f. sans-abri

g. énergie nucléaire

h. faim

i. terrorisme

j. éducation

2 Regardez la liste de problèmes sociaux à gauche. Puis utilisez des éléments des deux autres listes pour trouver des solutions. Écrivez la solution convenable à chaque problème. On a écrit la première phrase pour vous.

1.	l'éducation	offrir	des bouteilles
2.	la faim	recycler	de la nourriture pour des gens qui n'ont rien à manger
3.	le chômage	donner	
4.	les maladies	acheter	des vêtements et de la nourriture à des gens qui dorment dans la rue
5.	la drogue	dire	
6.	les sans-abri	trouver	des jus de fruit et du coca
7.	l'alcoolisme	aider	à l'école
8.	la pollution	boire	de l'argent
			"non" à la drogue
			du travail pour quelqu'un qui n'en a pas

1. Je pourrais *aider à l'école.* _____

2. Je pourrais _____

_____

3. Je pourrais _____

_____

4. Je pourrais _____

5. Je pourrais _____

6. Je pourrais _____

_____

7. Je pourrais _____

_____

8. Je pourrais _____

_____

3 Choisissez l'expression à droite qui correspond à sa description à gauche d'après l'**Enquête culturelle**. Écrivez la lettre convenable dans le blanc.

_____ 1. Ils existent dans tous les pays du monde.

_____ 2. Elle cause des dangers écologiques.

_____ 3. Ils choisissent des candidats qui vont aider l'environnement.

_____ 4. C'est une maladie très grave.

_____ 5. C'est un Français qui a découvert ce virus.

_____ 6. En 1995 les Français l'ont choisi comme président.

_____ 7. C'est le nombre de Français qui n'ont pas de travail.

a. les écologistes

b. 12 pour cent

c. Jacques Chirac

d. le VIH

e. les problèmes sociaux

f. la production d'énergie et d'armements nucléaires

g. le SIDA

4 Qu'est-ce qu'on peut faire pour améliorer (*improve*) la vie de votre famille, la qualité de votre école et la qualité de votre ville? Écrivez deux idées pour chaque personne ou groupe de personnes, et utilisez un verbe différent de la liste plus un infinitif dans chaque phrase. (Il faut utiliser **à** ou **de** avec certains de ces verbes.)

aider	commencer	dire
aller	continuer	finir
apprendre	décider	inviter
arrêter	demander	offrir
choisir	se dépêcher	réussir

Modèle: Dans ma famille:

Mon frère peut _arrêter d'écouter ses CDs de rock à minuit._

Il peut aider à nettoyer la maison le samedi matin.

1. Dans ma famille:

Mon frère (ma sœur) peut _____

_____

_____

Moi, je peux _____

_____

_____

2. À mon école:

Les professeurs peuvent _____

_____

_____

_____

Mes amis et moi, nous pouvons _____

_____

_____

_____

3. Dans ma ville:

Les hommes et femmes politiques peuvent _____

_____

_____

_____

Tout le monde peut _____

_____

_____

_____

5   Cherchez et encerclez 12 expressions dans la grille. Puis, complétez les phrases avec les expressions que vous trouvez.

```
C E I N T U R E D E S E C U R I T E C
D A N M I N I V A N C R T A S J S F O
E U M O N I T E U R T M I U N K T R N
C T L I M I T E D E V I T E S S E P D
A O L O O X F E G N A R O U E F R I U
P E E S E N S U N I Q U E V B K D E C
O C H C I E K G O U H G L I S L F A T
T O P E R M I S D E C O N D U I R E R
A L D V O I T U R E D E S P O R T B I
B E T Y W N G K C Q V B L O Z J N O C
L L O S I T K I E T I T E C S E T L E
E C H E Y C V O G J G U Z G D S F E T
```

1. Les Jacquot ont cinq enfants. Ils les emmènent souvent faire du camping. Ils ont un _____ .

2. Un conducteur doit toujours avoir son _____ avec lui.

3. Joëlle n'a pas encore son permis de conduire. Elle va à une _____ .

4. Son _____ ne s'inquiète pas quand il est dans la voiture avec elle parce que Joëlle apprend vite.

5. M. Caille vend des canapés et des fauteuils. Quand il travaille, il utilise son _____ .

6. Il faut mettre sa _____ dans une voiture.

7. Mme Ponton aime le soleil. Quand il fait beau, elle prend sa _____ .

8. On peut prendre cette rue pour y aller, mais pas pour revenir parce que c'est un _____ .

9. Quelle est la _____ sur cette route, 90 ou 110?

10. Ne t'inquiète pas, ce n'était pas un feu rouge! C'était juste un _____ .

11. M. Doublier aime la vitesse. Il vient d'acheter une _____ .

12. Tu vois la _____ de cette décapotable? C'est ma prof de français.

6 Myriam explique à trois amies différentes comment était sa leçon à l'auto-école aujourd'hui. Elle fait trois dessins pour chaque amie pour l'illustrer, mais chaque fois elle oublie un détail. Expliquez le problème de chaque dessin d'après le dialogue dans votre livre. Suivez le modèle.

Modèle: *C'était une voiture, pas un minivan.*

1. _____

2. _____

 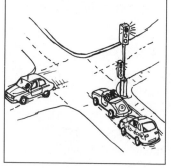 

3. _____

4. _____

5. _____

6. _____   7. _____   8. _____

_____   _____   _____

_____   _____   _____

_____   _____   _____

---

7 | Répondez aux questions suivantes d'après l'**Enquête culturelle**.

1. À quel âge peut-on obtenir un permis de conduire en France?

   _____

   _____

2. Est-ce que les jeunes Français apprennent à conduire au lycée?

   _____

   _____

3. Où est-ce qu'il faut prendre des leçons?

   _____

4. Est-ce que ces leçons sont bon marché?

   _____

5. Avec qui est-ce qu'on conduit dans une auto-école?

   _____

   _____

6. Quelles sont trois marques de voitures françaises?

_____

_____

7. Quelle signalisation routière utilise-t-on en France?

_____

_____

8 | Écrivez la date où tout le monde conduit la voiture de quelqu'un d'autre (*else*) pour fêter une journée spéciale. Utilisez le verbe **conduire** dans vos phrases. Suivez le modèle.

20 JANVIER
exposition des tableaux de Matisse

8 mars
la Journée de la femme

7 avril
la Journée de la santé

9 mai
la Journée de l'Europe

10 juin
la Fête de l'affiche

16 SEPTEMBRE
la Fête du jazz

octobre
1
2 la Fête du vin
3

20 novembre
la Journée nationale de l'enfant

DÉCEMBRE
1er décembre —
la Journée du SIDA

Modèle: La mère d'Hélène lui dit qu'elle peut utiliser sa voiture pour assister à la Journée de l'Europe.

Hélène conduit la voiture de sa mère le 9 mai.

1. Mon père me dit que je peux utiliser sa voiture pour assister à la Journée nationale de l'enfant.

   _____

2. Les parents d'Édouard et d'Aimée leur disent qu'ils peuvent utiliser leur voiture pour assister à la Journée du SIDA.

   _____

   _____

3. Tes parents te disent que tu peux utiliser leur voiture pour assister à l'exposition des tableaux de Matisse.

   _____

4. La tante de Béatrice lui dit qu'elle peut utiliser sa voiture pour assister à la Journée de la femme.

   _____

5. Gaston dit à ses sœurs qu'elles peuvent utiliser sa voiture pour assister à la Fête du vin.

   _____

6. Notre grand-père nous dit que nous pouvons utiliser sa voiture pour assister à la Fête du jazz.

   _____

7. Ton cousin te dit que ton ami et toi, vous pouvez utiliser sa voiture pour assister à la Journée de la santé.

   _____

8. La mère de Richard lui dit qu'il peut utiliser sa voiture pour assister à la Fête de l'affiche.

   _____

9 **A.** Étienne a écrit une lettre à sa correspondante sur les cours d'été que ses amis et lui suivent cette année à des universités dans trois villes françaises différentes. Complétez chaque blanc dans sa lettre avec la forme convenable du verbe **suivre**.

Chère Adèle,

Les vacances ont bien commencé, mais je suis toujours à l'école. Je _____ un cours sur l'environnement à l'université de notre ville parce que c'est quelque chose que je veux apprendre. Tu connais mon ami Paul qui joue bien du piano? Nous _____ ensemble un cours de musique. Deux cours, c'est beaucoup de travail!

Ma sœur Catherine est partie dans une autre ville avec son amie américaine, Barbara. Toutes les deux sont professeurs de français, et elles _____ un cours sur la vie quotidienne française. Barbara _____ aussi un cours de cuisine. Et toi, est-ce que tu _____ un cours d'histoire de l'art, comme tu voulais faire? Je pense que tu m'as écrit que ton ami David et toi, vous vouliez aussi étudier le cinéma. Est-ce que vous _____ un cours sur le cinéma? Aimes-tu ces cours aussi bien que les cours que tu _____ l'été dernier?

Bonnes vacances!

Ton ami,

Étienne

B. Lisez les brochures de deux universités françaises, Lyon et Montpellier. Puis écrivez des phrases pour dire dans quelle ville des étudiants de l'Activité 9A suivent des cours.

1. Catherine et Barbara _____

2. Étienne et Paul _____

10 Complétez l'activité suivante d'après la **Mise au point sur...** la France contemporaine.

Issues in France	Disadvantages / Problems	Advantages / Possible Solutions to Problems
1. use of nuclear reactors to provide electricity	_____ _____	_____ _____
2. spread of diseases such as AIDS	_____ _____	_____ _____
3. progress by women toward gaining equality	_____ _____ _____ _____ _____ _____	_____ _____ _____ _____ _____ _____
4. nationalization of education	_____ _____ _____ _____ _____	_____ _____ _____ _____ _____
5. high unemployment	_____ _____ _____ _____ _____ _____	_____ _____ _____ _____ _____ _____
6. large immigrant population	_____ _____ _____ _____ _____	_____ _____ _____ _____ _____

Leçon C

11 | Complétez les blancs avec le nouveau vocabulaire de cette leçon. Quand vous finissez les phrases 1–5, mettez les lettres encerclées en ordre pour compléter la dernière phrase.

capot	huile	pompiste
essence	pare-brise	station-service
faites le plein	pneus	super ou ordinaire

1. Quand le chauffeur voit qu'il n'a plus d'◯_ _ _ _ _ _, il va à une _◯_ _ _ _ _ - _ _ _◯_ _ _.
2. Le chauffeur parle au _◯_ _ _ _ _ _. Il lui dit " _ _◯_ _ _ _ _ _ ◯_ _ _ _, s'il vous plaît."
3. Le pompiste demande au chauffeur "_ _ _ _◯◯_ _ _◯_ _ _ _ _ _?"
4. Pour vérifier l'_ ◯_ _ _, il faut ouvrir le _ _ _ _◯.
5. Dans une station-service, le chauffeur peut aussi nettoyer le _ _◯_ - _ _ _◯_ et vérifier les _ _◯_ _.
6. Théo conduit une _ _ _ _ _ _ _ _ _ _ _ _ _ _ _.

12 | Racontez les aventures de Théo et Renée. Choisissez un élément de chaque colonne pour faire des phrases correctes d'après le dialogue.

	A	**B**
1. La voiture de Théo	va ouvrir	le plein
2. Théo et Renée	demande	beaucoup d'essence
3. Renée	aime	une station-service
4. Les voitures de sport	vont tomber	le capot
5. Théo	arrivent à	de l'essence ordinaire
6. Théo et Renée	va vérifier	rouler vite
7. Théo	n'a plus	l'huile et l'eau
8. Le pompiste	n'aime pas	d'essence
9. Théo	fait	les voitures de sport
10. Le pompiste	consomment	en panne

1. _____

2. _____

3. _____

_____

4. _____

_____

5. _____

6. _____

_____

7. _____

_____

8. _____

9. _____

10. _____

_____

13 Répondez aux questions suivantes d'après l'**Enquête culturelle**.

1. Où est-ce qu'on achète de l'essence en France?

_____

_____

2. Où est-ce qu'on répare une voiture en France?

_____

_____

3. Est-ce que les stations-services et les garages sont quelquefois ensemble?

_____

_____

4. Est-ce que l'essence est bon marché en France?

_____

_____

5. Est-ce que l'essence est plus chère ou moins chère dans les supermarchés?

_____

6. Où est-ce qu'on peut trouver les supermarchés?

_____

_____

7. Pourquoi est-ce que les petites voitures sont populaires en France?

_____

_____

---

14 | **A.**   Sébastien parle avec son frère, Fabrice, et sa belle-sœur, Isabelle. Complétez les phrases avec les formes convenables des verbes entre parenthèses. Utilisez l'**imparfait** ou le **conditionnel**.

Sébastien: Si vous _____ (avoir) l'argent, _____ (acheter)-vous une voiture de sport?

Fabrice: Si nous _____ (avoir) assez d'argent pour acheter une voiture de sport, nous n'en _____ (acheter) pas une. Nous _____ (voyager).

Sébastien: Où _____ (vouloir)-vous aller?

Fabrice: Si nous _____ (aller) en Europe, je _____ (vouloir) passer du temps en Suisse.

Isabelle: Et moi, je _____ (voir) l'Italie. Et toi, Sébastien, où _____ (aller)-tu si tu _____ (avoir) l'argent?

Sébastien: Moi, si je _____ (voyager), je _____ (passer) un mois à la Guadeloupe et puis je _____ (voyager) à la Martinique.

Isabelle: Et vos parents, où _____ (aller)-ils, s'ils _____ (avoir) le temps et l'argent?

Fabrice: Si elle _____ (avoir) l'argent et s'il ne _____ (faire) pas si chaud là-bas, maman _____ (aimer) aller en Afrique.

Sébastien: Et si papa ne _____ (travailler) pas, il _____ (passer) l'hiver en Australie.

B. Qu'est-ce que vous feriez si vous étiez dans les situations suivantes? Écrivez des phrases complètes.

1. Si vous pouviez être un animal, quel animal seriez-vous?

   _____

   _____

2. Si vous trouviez vingt dollars dans la salle de classe, que feriez-vous?

   _____

   _____

3. Si vous pouviez parler avec une personne d'un autre siècle, avec qui parleriez-vous?

   _____

   _____

4. Si un matin il y avait un éléphant rose dans votre baignoire, que feriez-vous?

   _____

   _____

5. Si vous pouviez voyager pendant deux mois, où iriez-vous?

   _____

   _____

15 | After you read the article that follows on urban pollution in France, write a concise summary paragraph about it on page 204.

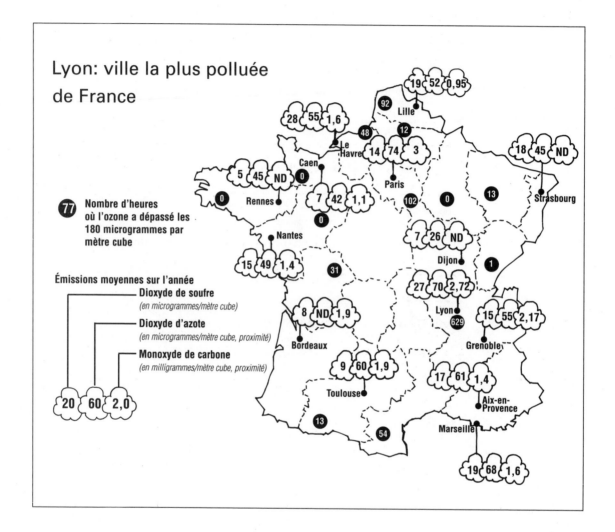

Lyon: ville la plus polluée de France

77 Nombre d'heures où l'ozone a dépassé les 180 microgrammes par mètre cube

Émissions moyennes sur l'année

Dioxyde de soufre
(en microgrammes/mètre cube)

Dioxyde d'azote
(en microgrammes/mètre cube, proximité)

Monoxyde de carbone
(en milligrammes/mètre cube, proximité)

20 60 2,0